日本の防災、世界の災害

日本の経験と知恵を世界の防災に生かす

石渡幹夫
Ishiwatari Mikio

鹿島出版会

はじめに

なぜ災害は増えているのか？　熊本地震、ネパールの大地震、フィリピン・レイテ島の高潮災害、東日本大震災、タイの大洪水など、世界中で巨大災害が続いて発生している。そのたびにテレビからは悲惨な、そして以前どこかで見たことがある光景が流れてくる。学校の体育館や公民館に、被災者、小さな子どもを連れた家族や老人が避難してくる。家を追われた多くの人々が狭いスペースに詰め込まれ、疲れた様子で床に座り、不安そうな表情を浮かべている。広場にはトラックで救援物資が運びこまれ、人々が集まってきて長い列を作るが、その長さに比べて水や食料は見るからに不足している。

町は、そこに人が住み、生活を営んでいたことなど想像できないほど平らな荒れ地となり、後にはがれきが残されている。災害前の写真が映し出されると、多くの人々が我々と変わらぬ平穏で平凡な生活を送っていたことがわかる。道端では元気だった頃の家族や友人の写真や思い出の品を前に、残された人々が悲しみに暮れる。世界各地で追悼の集会やミサが開かれ、人々が被災者の悲しみに心を寄せ、哀悼の意を示す。

巨大災害、大規模、未曾有の、という言葉があまりに頻繁に使われ、「まれな」という意味合いがなくなってしまったようだ。寺田寅彦は「災害は忘れたころにやってくる」と言ったらしいが、いまや忘れる間もなく続けてやってくる。一九八〇年以降に発生した大災害のワースト10のうち八つまでが二〇〇〇年以降に発生している。今世紀は「災害の世紀」である。

気候変動によりさらに被害は大きくなるだろう。豪雨の頻度や強さが増して、洪水が深刻化し、このままでは災害に苦しむ人はますます増える。そして、どこかで見慣れた悲惨な風景を我々はさらに目にすることになる。

私はこれまで途上国の災害対策に関わり、あちらこちらの災害や援助の現場を歩いてきた。気がつくと二五年以上になる。神々しくも万年雪を抱き白く輝くヒマラヤ山脈のふもとでは、洪水に襲われ稲を育てていた水田が土砂で埋まってしまい、途方に暮れるネパールの農民に出会った。

インドネシアのインド洋大津波の被災地では、復興に携わるＮＧＯで働く若者が、壁のような津波が襲いかかる中、一緒に逃げた両親を失いながらも自分だけがどうやってそこのがけをよじ登って助かったか、話してくれた。月日も経って心の整理ができているのか、口調は明るいが、このがけを見ると、だれかれ構わず話さずにはいられないのであろう。復興支援活動の一環で、お母さんたちが仲間とともに手芸をしていた。津波でご主人を亡くしたとあるお母さんは、「日本人の男性を紹介してくれない？　一人で寝るのは寂しいから」と、笑いながら話しかけてくる。

なぜ災害は増え、苦しむ人が増えているのだろうか。人口が増加し都市に人々が集まってきている、都市化が進み危険な場所にまで人が住むようになった、気候変動など、いろいろと原因は考えられるが、何がどう影響しているのだろうか。

なぜ災害には格差があるのだろうか？　世界の災害現場を歩くとわかるのだが、災害には格差がある。弱者に犠牲が集中するのである。貧しい人や女性など社会的に弱い立場の人たちが一番の犠牲になる。

途上国の大都市、マニラやホーチミンなどでは、洪水が頻繁に起きる川沿いに、スラムとかスクオッターとか呼ばれる、みすぼらしい家が建ち、多くの貧しい人たちが住む。ブラジルではファベーラと呼ばれ、今にも崩れそうな急ながけの上や下に貧困層の町ができている。時には数万人が一つの地区に住み立派な都市になっている。

また、女性が男性より多く亡くなることがある。災害の警報はお父さんが入手し、お母さんには情報が入りにくい、女性は浸水したときに体力的に劣っていて逃げにくい、などが原因である。

途上国では、人々が災害から守る物は先進国と少し様子が違う。バングラデシュでサイクロンが接近する警報が出ると、農民は家畜と一緒に逃げようとする。家畜を連れて逃げられないとわかると、家にとどまり逃げ遅れて命に関わることもある。銀行とは関わらない生活を続けてきて、口座を持たない貧しい人々にとって、牛などの家畜は一家の貴重な財産である。すべての財産をサイクロンで失って極貧の中から生活の再建を目指すのか、それとも牛を守って高潮や強風の中、生き延びるチャンスにかけるのか。選択をサイクロンが刻一刻と近づいてくる間に迫られる。

実は先進国にも格差がある。日本でも阪神淡路大震災では多くの老朽化した木造住宅がつぶれ、その下敷きになって死者が出た。東日本大震災では、お年寄りが津波から逃げ切れず犠牲となった。

アメリカの史上最悪の災害となった二〇〇五年のハリケーン・カトリーナでは、アフリカ系米国人や貧困層の被害が大きく、これはアメリカの社会構造に根差すものと注目された。ニューオーリンズ市では、アフリカ系米国人と白人ブルーカラーは湖のある中心部低地に、白人富裕層は市の周辺部高地に居住する傾向があった。

この格差、貧しい人や女性など社会的に弱い立場の人たちが一番に犠牲になるのは、何が原因なのだろうか。

なぜ復興の道は険しいのだろうか？　たとえ災害から命からがら逃げ延びたとしても、なけなしの財産を失った人々には、復興も苦労が伴う。災害は人々がコツコツと積み上げてきた努力を一瞬にして奪い去ってしまう。多額のローンを組んだマイホームや、先祖から引き継いできた田畑、一代でなした小売店や工場などである。

国のレベルでいえば、額自体は大きくなくても、貧しい途上国では、時に国の経済発展に大きな損害を与えることがある。経済発展のために多額を投じた高速道路や発電所などが破壊され、それまでの投資が無駄になってしまう。二〇一〇年ハイチの大地震では、被害額はＧＤＰを上回った。二〇〇四年のインド洋大津波では、モルジブの被害額はＧＤＰの約六割に達した。

なぜ、こうした弱い立場の人々は、災害に苦しめられた上に、復興に向けてさらに険しい道を歩まねばならないのだろうか。

どうすれば世界から災害を減らせるのだろうか？　テレビから流される悲惨な風景を我々はいつまで見続けなければいけないのだろうか。どうすればこの世界から災害をなくせる、洪水や津波で亡くなる方や、家や町が破壊されるといった被害をなくすことができるのだろうか。

外国からの政府やＮＧＯによる支援は重要である。途上国が持っていない技術、洪水の予測などを指導し警報を出せるようにする、堤防建設の資金を提供する、地域社会（コミュニティ）の防災力を強化する、など様々な支援がなされている。

日本はどう手助けできるのだろうか？

日本は防災援助を長年、地道に続けてきた。今でこそ、国際会議などで災害を取り上げる機会も増えてきたが、他の援助国や国際機関がさほど注目してこなかった数十年前から、愚直に、と言えるほど継続して地道に援助してきたのである。その援助はどのように役立っているのだろうか。そして課題は何であろうか。

東北には何度も足を運んだ。震災の現場に立ちながら、なぜ災害への備えが進んだ日本で二万もの人命が失われなければならなかったのだろう、と考えた。防災に関わる技術者として、災害の対策や技術の限界を目の当たりにした。津波は万里の長城とも呼ばれた巨大堤防をやすやすと乗り越えた。津波警報の予測した津波の高さは、実際よりはるかに低かった。

私に何か役立てることがあるとすれば、この震災から学んだことを世界に伝え、世界中の災害を減らすのに役立ててもらうことだ、とその時、心に決めた。

多くの子どもたちが亡くなった石巻市の大川小学校、結婚を控えた女性職員が最後まで避難を呼びかけた南三陸町の防災庁舎、逃げた先の避難所で多くの方が亡くなった陸前高田市に残った一本松。忘れてはいけないメッセージを発している。リアス式海岸の公園では老婆が静かに話しかけてきた。見つかっていない娘がいないかと、毎日海を見に来るという。娘といってもきっと高齢だろう。こんな場所で偶然、見つかるはずはない。そして、それを老婆が知らないはずもない。

国際協力機構や世界銀行の専門家として、そして、一人の技術者として、何が教訓となるのかを考え、それを伝える努力もしてきた。これまでの講演はアメリカ、中国、インドネシア、スリランカ、ウガンダ、ケニア、キルギスタン、スイスなどで、一〇回以上にわたり行ってきた。

あの未曾有と言われる災害を経験した我々は、あの災害から何を学んだのだろうか。そして何を世界に伝えなければいけないのだろうか?

日本も学ばなければならない。日本の対策が進んでいて、途上国の対策は劣っている、と思いがちであるが、実はそうではない。外国から学ぶことも多い。東日本大震災のちょうど一年前に起きたチリの大津波では、被害ははるかにチリの方が少なかった。警報も出ず、堤防もなかった。でも、住民が率先して逃げて助かった。ベトナムでは、洪水や土砂災害の前に、住民が助け合って、年寄りや子どもを先に逃がしている。日本が謙虚に学ぶべきことは多い。

災害を減らす努力をしている人々のために。途上国や東北の被災地では多くの方々にお世話になってきた。現場を案内いただいたり、お話を聞かせていただいたり。おそらく、きちんとお返しができていない。

私が世界の防災に携わってきて、これまで考えてきたことを多くの方に知っていただきたい、という思いで、この本をまとめた。この本が少しでも多くの人に、世界で起きている災害やその対策に興味を持つきっかけになればと思う。そして、自然の力に絶望的になりかねない災害による災難を少しでも減らせる何らかの助けになれば幸いである。

二〇一六年八月

石渡幹夫

目次

第1章　世界で何が起きているか

海の向こうでは、人々はどのように災害に苦しんでいるのだろうか。また、どのように災害に対処しようとしているのだろうか。私がこれまで見てきた現場のうち、印象深いいくつかの様子を紹介してみたい。

◇同じ津波でも一年前は被害が少なかった――チリ

日本の反対側での津波災害　地球の日本の反対側にあるチリで、東日本大震災の約一年前の二〇一〇年二月二七日にマグニチュード八・八の地震が起き、それに伴い津波が発生した(**図1**)。

津波が太平洋を渡り日本に押し寄せようとしている中、私は被害調査のために、逆に地震の発生したチリに向かった。チリの空港は地震で損害を受け閉鎖しており、隣国アルゼンチンに飛び、そこから陸路、アンデス山脈を越えて被災地に入った。

大きな地震で、日本への津波来襲が予測されたこともあり、地震発生当初はマスコミに大きく取り上げられていた。その後、死者数は五〇〇名程度と被害がそれほど大きくないことが明らかになるにつれ、ニュースも少なくなっていった。大地震で数十メートルの大津波が発生したにもかかわらず被害が少なかった、というのは、本当は災害大国日本に住む我々にとって重要なニュースだと思うのだが。

図1　チリ：2010年地震

チリは日本と同様に、これまで繰り返し地震と津波に襲われてきた。一九六〇年には、観測史上最大のマグニチュード九・五の地震とその後の津波により約二〇〇〇名が亡くなっている。この時の津波は太平洋を渡り、ハワイで六一名の死者を、さらには丸一日をかけて地球を半周して日本にまで到達した。津波の来襲は不意打ちとなり、東北地方の三陸沿岸を中心に一四二名の死者行方不明者を出した。フィリピンでも三二名の死者行方不明者を出している。

日本では、この一九六〇年のチリ津波と、前年の高潮災害を引き起こした伊勢湾台風が契機となり、海岸沿いでの堤防造りが本格化していった。東日本大震災で各地でのテレビ画像に出てきたあの堤防である。さらに、太平洋の向こうから来る遠地津波に対しても警報を出す態勢が整えられていった。そして、この津波警報は二〇一〇年に出された。

この時出された大津波警報が一年後の被害を増やす要因のひとつになったのかもしれない。日本では、気象庁は地震発生の次の日の二月二八日に、大津波警報を東北地方の太平洋沿岸に発表した。丸一日かけて太平洋を渡ってきた津波は、東北沿岸で一〇センチから一メートル強の高さとなり、養殖施設が破壊されるなどの被害が出た。この時には住居への浸水などそれほど大きな被害が出なかったため、一年後の三月一一日に気象庁が再び大津波警報を出した際には、「去年は大津波警報でも大きな津波が来たわけではなかったから」と深刻に受け取らなかった住民もいた、と言われている。

震源地に近い海沿いの町は完全に破壊されていた。コンスティトゥシオン市はサンティアゴからも近く、海水浴を楽しむ観光地であった。この地が、高さ二八メートルに及ぶ津波に襲われた。この市だけで、全国の死者数の五〇〇名のうち一〇〇名を超える死者を出した。海岸沿いの住宅はコンクリート基礎を残して跡形もなく、鉄筋コンクリート造り三階建ての建物が一戸のみ残っていた。海岸より数百メートル先の標高十数メートルの地区まで津波が到達していた。乗用車が津波で数百メートルも内地まで運ばれてきていた。

この時は、同じような風景を、自分の国で一年後に目にすることになるとは思ってもいなかった（**写真1、写真2**）。

写真１　津波により破壊された家並み
（チリ・コンスティトゥシオン）

写真２　津波は28ｍまで達した。がけに、
がれきが打ち上げられている
（チリ・コンスティトゥシオン）

日頃の備えが命を救った。普段からの住民の防災意識が高かったことが被害を少なくした。住民への聞き取りによれば、津波警報や避難勧告は受け取らなかったとのことであった。チリでは、日本と違って津波警報を出す観測予測態勢は取られていなかった。たとえ取られていたとしても、地震発生から津波来襲までは一〇分程度しかなく、あまり役に立たなかったであろう。警報を待つ時間も惜しんで逃げないといけない。住民自らの判断で、揺れを感じて即座に高台に逃げたことが命を救ったのである。過去のチリでの津波災害、二〇〇四年に発生したインド洋大津波の映像などが強く印象に残っており、地震が起きたらすぐに逃げる習慣が身についていた。コミュニティ(地域社会)での避難訓練や学校での防災教育も行っているとのことであった。

物を取りに帰った人や、観光客が犠牲になった。助かった住民は地震発生とともに高台に逃げ、翌日未明まで高台にとどまった。ただし、第一波の後、物を取りに帰り第二波に襲われ犠牲になった住民がいたという。また、海沿いの観光地に遊びに来ていた旅行客など、津波に不案内な人々が亡くなっている。

略奪が横行していた。商店やガソリンスタンドが焼き討ち、略奪に遭っていた(**写真3**)。物資は不足しており、被災者に聞くと、水の供給はあったが、食料の配布はなかったという。支援など来ない、という絶望の中で、食料品やガソリンを求めて始まったものなのだろうか。そうした物資に限らず、日用品や家電製品などにも略奪は広がっていった。略奪を防ぐため、夜間六時以降は外出禁止令が出され、外出できるのは昼から午後の六時間のみ。軍隊が町中に展開し商店を守っていた。その前の月に起きたハイチ地震でも、同じような略奪の光景が見られた。

物資は明らかに不足していた。道路沿いには救援物資を求める被災者が支援を待っていた。数少なく営業している小売店やガソリンスタンドには、被災者が長蛇の列を作っていた。一〇キロメートルも車で走れば、隣町には物は溢れ、通常どおり商店は営業していた。被災地では略奪が起きるほど物が不足しているのに、隣町では物が普通に溢れている。不思議な光景であった。

この一年後に、東北では列を作って救援物資を辛抱強く待つ被災者の映像が流され、世界中で感動を呼

写真3　略奪にあった商店（チリ・コンセプシオン）

んだ。日本人はこうした危機の中でも辛抱強く耐え、秩序を保っている。これは、ハイチやチリでの状況と好対照を成していた。ただ、東日本大震災でも石油や食料品など被災地への緊急物資の輸送が遅れたり、滞ったりと、混乱をきたした。

地震の揺れによる建物被害は比較的少なかった。震源から一〇〇キロメートル離れた、チリ第二の都市である人口三〇万人ほどのコンセプシオン市では、地震により一五階建てのマンションが横倒しになっていた**(写真4)**。この画像が世界中に配信されたため、大災害が発生したかのように思われた。私もこの映像を見て現地入りしたので、現地では高層ビルがばたばたと倒れているのかと覚悟して臨んだ。が、現場を見る限り、このように致命的に全壊したビルは他にはなかった。良い意味での拍子抜けであった。

建築基準制度が命を守った。このマンションの倒壊は、建物特有の問題、地下の構造もしくは地中での基礎工事などが原因であった。地震の揺れによる建物被害の少なさから、チリでは建築基準制度は、その目的である人の命を守るという意味で、一定の成果を挙げたと言える。鉄筋コンクリートの建物でも、倒壊はしなくても、一部崩壊していた建物はあった。その他の倒壊していた建物は、伝統的な建設方法であるレンガ造りの家屋であった。また、高速道路の橋が落ちたり、サンティアゴ国際空港の建物が損傷したりなどの被害が出ていた。

地震の大きさ、津波の大きさを考えると被害は小さい？　地震の揺れによる建物の破壊、津波による浸水などにより、チリ中部の広い範囲に被害をもたらした。全体では五〇〇名を超える死者のうち、津波によるものは一〇〇名強とされる。これは危険地域の住民の約二％に当たる。東日本大震災の危険地域に住む住民と死者の割合では死亡率が四％なので、助かった割合は東日本大震災より高い。絶対数が少ないのは、もともとチリは人口密度が低く、危険地域全体でも約五〇〇〇人とそれほど人が住んでいなかったためである。

チリ津波と一年後に起きた東日本大震災の被害の大きさの違いは何が生んだのであろうか。　東北では二万人近い人々が逃げ遅れた。自治体が事前に各家庭に津波の危険地域を示すハザードマップを配り、地震発生の直後には気象庁が津波警報を出していたに

写真４　地震の揺れにより倒壊したマンション（チリ・コンセプシオン）

もかかわらず、である。二万人対一〇〇人と、この数字の差は大きい。ここに被害を減らす鍵がありそうである。

◇共助で災害を減らす——ベトナム

二〇〇九年九月に、台風ケッツァーナはフィリピン・マニラ首都圏で大水害を引き起こし、四〇〇名を超える死者を出した後、西に向かい南シナ海を渡ってベトナム中部を襲った。ベトナムでは一七四名の死者行方不明者を出し、経済被害は約八〇〇億円に達した。翌月の一〇月に、どうすれば災害被害を減らすお手伝いができるか調べるため、現地に入った(**図2**)。

共助を対策の中心に据える。ベトナムは、コミュニティ(集落もしくは地域社会)の力で被害を減らしてきた好事例である。一〇年前の一九九九年にも水害が発生したが、二〇〇九年の方が河川の水位は高かったにもかかわらず、死者数は約三分の一に減少していた。コミュニティでは、災害に対応する「共助」、そして個々人の努力の「自助」、これらを自治体や政府が支える「公助」、この三つがお互いに補完しつつ、水害に対処していた。

共助の重要性、そして自助、公助が補完し合う。これは、一九九五年に発生した阪神淡路大震災の大事な教訓のひとつである。巨大災害が起きると、自治体や政府に大きな期待はできない。

例えば、自分の家の近所に何人のお巡りさんがいて、消防署には何人ぐらい消防士さんがいるか考えれば明らかであろう。巨大災害が起きれば、とても手は足りない。住民がお互いに助け合うことで被害を減らせる。

洪水と共存する。ベトナム中部地域には堤防はほとんど建設されておらず、大雨が降れば川の水が住宅地や農地に溢れ出す。住民は洪水を受け入れ、共存する。何とか対応するしかない。北部の首都のハノイや南部のホーチミンといった大都市では、洪水から町を守る河川堤防が建設されている。この地域では、堤防を建設しても、守るべき建物など、投資に見合う資産がそれほどない、という判断である。ベトナムは目覚ましい経済発展を続けている。少しずつ農村地域にも堤防が建設され始めているが、そ

図２　この章に出てくる国

の恩恵が広く行き渡るにはまだしばらく時間がかかりそうだ。

地域社会では洪水が来ても命を救い、被害を減らす対処法ができている。 地域社会(コミュニティ)では、日本で言えば自治会に当たる「Thon」が防災体制の中核となって機能していた。日本の自治会と同様に、政府の組織ではないのだが、コミュニティごとに自治組織を作り会長を選んでいた。自治会では気象庁や県庁、テレビ、ラジオなどから台風情報や避難情報を入手し、災害情報を随時、防災無線であるスピーカーを使って住民に伝えていた。台風が来る前日には、災害弱者である障害者、年寄り、子どもを前もって安全な場所に避難させた。日本で言えば青年団に当たる若者のボランティア組織が、避難を手伝う。家庭には避難用の小舟や、家畜を乗せるいかだが準備されていた(**写真5**)。

住民は自ら財産を守っていた。 屋根裏など高い場所に家財や家電、食料を移動させたり、近所の二階建ての家に避難したりしていた。モーターバイクはベトナムでは一財産である。貴重な足となっていて、一台のバイクに家族全員を乗せて移動したりする。洪水が来る前に避難所になっている学校の二階に置いて浸水から守ったり、と工夫をしていた。

洪水対策の知恵や工夫は日本とベトナムで共通するところがある。 日本でも、堤防ができるまでは家屋より高く作ってある水屋と呼ばれる避難所や、洪水が来たときに避難に使う舟を準備していたという。

川沿いの林が洪水対策に使われていた。日本も昔はあちこちに見られたのだが、河畔林と呼ばれる川沿いの林が洪水対策に効果的であった。竹林が川から溢れる洪水の勢いを弱め、家を守ったのである。逆に、竹林を切って川に面して建てた家は、直接洪水を受けてしまい、破壊されていた。

洪水対策とゲリラ戦に共通するところがあるらしい。ベトナム戦争では、生活の場を戦場にしたゲリラ戦でアメリカに打ち勝つわけであるが、その仕組みを洪水対策にも使っていたようである。洪水の情報を流すスピーカーは敵が来たときにも知らせていただろうし、ボランティア組織も戦争中から機能していた。ゲリラ戦と防災、コミュニティを中心にして戦う、という意味では共通する点が多い。消防は英語でFire fightingという。

写真5　避難に使う舟やいかだ（ベトナム）

直訳すると「火事と戦う」となる。水害に対する活動は水防と言われ、英語ではFlood fightingとなる。災害対策は住民が避難し、集団で水や木、石などの道具を使って戦う、訓練などで準備をしておく、どうやら戦争に近いものがある。

所得を守る知恵がある。ベトナムにしか見られないユニークな対策があった。洪水が来ても所得の手段を確保しようという取り組みである。キノコ栽培は棚を作って行っており、浸水から逃れるようになっている（**写真6**）。また、養殖池にネットが張ってあり、洪水が来て池が溢れても魚が逃げない工夫をしてあった（**写真7**）。日本でも昔は工夫があった。大学の名前になっている早稲田は、台風が来る前に刈り取れるよう稲を早く育てる田んぼだったという。生活の糧を守る、というのは重要だとわかっているのだが、どうしても直接被害を

写真6　キノコ栽培の棚（ベトナム）

減らす避難や施設建設に目が向いてしまう。反省すべき点である。

コミュニティで対応には差がある。うまくいっているように見えるのだが、問題もある。コミュニティごとに対応のレベルが違うのである。中には防災計画書を作り、ワークショップや会合で住民と対策を検討し、避難訓練をしているコミュニティがあった。そこでは、これまで説明したようにうまく洪水被害を減らしていた。その一方、こうした準備をせず、突然、洪水に襲われ、被害が大きくなったコミュニティがあった。

備えが十分でなかったコミュニティでは住民は多くのものを失っていた。川沿いのまだ新しい家が破壊されていた。農家では、収穫した米や、牛や豚鶏などの家畜、つまりは主要な収入源が流されてしまった。商品を持ち出せなかった小売店では、商品が水

写真7　養殖池の魚を逃がさないネット（ベトナム）

に浸かり大損害である。普通の家庭でも、家財や子どもの教科書を失った。政府から多少の支援金や食料はもらえるが、失ったものに比べれば、決して十分なものではない。

過去の経験が役立つとは限らない。 住民はどうしても経験に基づいた行動を取る。去年の洪水はこの高さまで来たから今年も、と考えがちである。このため、この年の洪水には対応できなかった地区があった。あるお父さんは、いつもの洪水は背の高さほどだから、と家族を避難させた後、ドラム缶ボートに家財を乗せて、家の中に残っていた。この年は水位がどんどんと上がり、いつもの年より五〇センチメートルほど水位が高く背の高さを超えてしまい、結局、家財を見捨てて逃げざるを得なかった。

ダムの放流はきちんと下流に伝えないと被害を出してしまう。 上流の発電ダムが何の連絡もなくゲートを開けて貯水池の水を放流したため、下流では突然五〇センチメートルほど水位が上がり住民が対応できず、被害を生じさせたケースがあった。ダム自体は、洪水を貯めて全体としては被害を減らす。ただ、放流するときにきちんと情報を伝えないと、下流の住民に迷惑をかけることとなる。

停電で情報の伝達ができなくなった。 一週間ほど電気が来なかったため、連絡用に使っている携帯電話の充電ができなくなった。県庁など公的機関に洪水の情報や被害状況を伝えられなくなってしまった。救援隊の派遣や緊急物資の輸送に問題が生じてしまった。また、防災無線に使っているスピーカーが使えなくなった。自治会では、手持ちの拡声器を使ったり、直接、歩いて回って情報を伝えることになった。

◇災害対策が功を奏し始めている――スリランカ

光り輝く島、インド洋の真珠　スリランカはインド洋に浮かぶ島国で、その大きさは北海道より少し小さい。スリランカはサンスクリット語で「輝く島」という意味だそうである。その自然の美しさから「インド洋の真珠」と呼ばれるという。インド洋の大海原にポトンと真珠を落としたイメージであろうか。きれいな海にはリゾート地として世界中から旅行客やサーファーが集まる。島の中央は二五〇〇メートルを超える山岳地帯になっている。熱帯に位置するので平野は常夏だが、丘陵や山岳地帯はひんやりと涼しく、避暑地になっている。降雨量は場所によっては日本より多く、コロンボでは年間約二五〇〇ミリ、山地では五〇〇〇ミリに達する地域もある。

風景はなんとなく日本に似ている。平野には水田が広がり、民家は木々に守られて寄り添うように集まっている。現場を歩いていると、同行のスリランカの技術者が「美しい風景だな」とつぶやく。私も思わず「日本に似てね」と相槌を入れたものである。丘陵にはお茶畑が広がっている。そこでは、かごを背負った女性がお茶の葉を摘んでいる。有名なセイロン紅茶となって輸出されていく。同じく島国で真ん中に山を抱える地形なので、川の大きさや流れ方もどこかしら日本の川を思わせる。

人々は日本人に似た穏やかな会話の仕方をする。多数を占めるシンハラ人が仏教徒であることが影響しているのかもしれない。お隣の大国のインド人はずばずばと意見を言うので、こちらも会話の最中どう反論しようかとずっと身構えている。スリランカの人は、見た目はさほどインド人とは違いがないが穏やかに話をしてくれるので、緊張するような気遣いはしなくてすむ。逆に日本と一緒で、言葉にしない分、何を心の中で考えているのかな、と憶測したりする。野球によく似た、投げて打って走る、私にはルールがよくわからないクリケットが大好きである。

三〇年近く、多数派のシンハラ人と北部・西部に住む少数派のタミル人の間で内戦が続いていた。約七万人の死者を出したこの内戦は二〇〇九年に終わり、町に出ていた軍隊もいなくなり、平和な光景が戻ってきている。

数十〜百年に一度しか起きない規模の洪水が発生した。スリランカでは、東日本大震災の前の二〇一一年一〜二月に史上最悪と言われる水害に襲われていた。ひと月で一年分の雨が降ってしまった地区があった。一日に最大で二〇〇〜三〇〇ミリの降雨があり、国の東側を中心に広い範囲にわたって土砂災害や洪水が発生した。一二〇万人が被災した。これは全人口の六％に当たる。作物や家畜が失われ、多くのため池やかんがい施設などが破壊された。

災害がつなぐ日本とスリランカ　東日本大震災の衝撃がまださめやらぬ二〇一一年四月に、私はスリランカの災害調査に出かけた。震災からひと月しか経っておらず、日本人はみな何となく落ち着いていない。この時期に日本を離れることが適当なのか、という意見もあった。だが、この時期だからこそ出かけるべき、という結論となった。震災が世界中から注目を集め、次々と義捐金が日本に集まっている今こそ、外に出て行ってこれまでどおり援助をしよう、という判断である。

行く先々の町役場、住民から、震災へのお悔やみの言葉を頂いた。山の中で土砂災害の調査中に被災した住民と話をしていると、その日の朝に近所のお寺で東日本大震災の被災者のために祈りをささげてくれたという。その住民自身も二カ月前に被災したばかりにもかかわらず、東北のことを気にかけてくれていた。ありがたいことである(**写真8**)。

数十年に一度の洪水に対応することは難しかった。頻繁に起きる洪水は深さが数十センチから一メートル程度で数日浸水するが、住民は家財を高いところに動かしたり、少しの間、避難したりと対応できている。今回は水深は一～三メートルになり、中には一カ月間水が引かない地域もあった(**写真9**)。こうした経験はもちろん住民にとって初めてであり、対応することは難しかった。役場からはお寺のスピーカーを使ったりして、情報を伝えようと試みた。ただ、洪水が起きたのが夜中だったため、住民は自力での避難が困難であった。朝になると軍隊や役場から救助が入り、ボートで学校などに避難した。学校も町中の住民が集まってくるためスペースが狭く、飲み水やトイレに不自由していたという。

写真８　地滑りの現場（スリランカ）
（写真提供：(株)オリエンタルコンサルタンツグローバル）

写真９　ここまで洪水が来たよ（スリランカ）
（写真提供：(株)オリエンタルコンサルタンツグローバル）

内戦と洪水に苦しむ。スリランカでは数十年間にわたり、タミル人とシンハラ人の間で内戦が続いていた。内戦から逃れてきた避難民が水路のそばに簡単な家を建てており、こうした家が特に被害を受けていた（**写真10**）。

山地は土砂災害に襲われていた。日本と地形が似ているので災害も似たような形態であった。丘陵地帯では豪雨によりがけ崩れや地すべりが発生し、家屋が破壊されていた（**写真11**）。日本や他の国と同じく、人口が増えるにつれて、がけの上や下など、見るからに危険な地域に次々と家が建てられていった。こうした家が被災していた。六〇歳の男性は、その地に三〇年住んでいて、中東への出稼ぎで得た収入で家を改築したが、すべてを失ってしまった、と嘆いていた。

住民自ら避難していた。今回訪問した現場では、住

写真10　避難民のキャンプ（スリランカ）

写真11　土砂災害で破壊された家屋（スリランカ）
（写真提供：(株)オリエンタルコンサルタンツグローバル）

民自らが警戒態勢を取っていて、降雨の状況や何かしらの兆候を捕らえて自発的に避難していた地区が多かった。集落の長が住民に呼びかけた事例もあった。ゆっくりと土砂が移動する地すべりに対しては対応しやすかった、ということも、うまくいった要因である。

日本の支援の成果が出ていた。雨量を測って一定の量に達するとブザーが鳴る簡単な雨量計を設置していた（**写真12**）。この雨量計はボランティアの住民により観測されている。当日、大雨を観測し危険を感じた住民は、隣人に声をかけ避難できていた。

災害後約三カ月を経過していて、被災者は住宅などを失い困難な状況にあった。政府からは移転の計画も出ていたが、学校や仕事の関係から、皆なかなか踏み切れないでいた。東北でも移転が難航している地区もあるが、移転の難しさはどこも同じである。

ため池に問題があった。施設の運用にも問題があった。スリランカには数多くのため池がある。その歴史は二〇〇〇年以上と言われており、技術は中国を通じて日本に伝わったとも言われている。行基や弘法大師が全国各地に作ったと言われるため池も、元はといえばスリランカの技術かもしれない。ため池に洪水を貯めれば、下流を守ることができる。そうした効果も期待されている。ため池をスリランカでは「タンク」と呼んでいる。地形をうまく利用して複数のタンクを連結し、上流の水田に使った水を下流のタンクに貯めて、さらに下流の水田でもう一度使ったりと、全体のバランスを見ながら統合して運用している。

写真12　簡易雨量観測警報器（スリランカ）

満水のため池を洪水が襲った。一〜二月は雨季の終わりで、ため池は満水状態にあった。これから始まる乾季に水田に水を配れるように、満杯に貯めていたのである。そこに大雨がきたので、洪水を貯めることができなかった。また急激に水位が上昇し破壊されたため池もあり、下

写真13　ため池が壊れた

流を突然大量の水が襲い被害を生じさせた箇所があった(写真13)。

住民がため池を事前に壊した。 とある集落では、ため池が洪水で溢れて一挙に壊れて大きな被害を出さないよう、事前に自らため池を壊した。だが、ため池はお互いに連携運用するよう作られている。この破壊により下流にあるより大きなため池に急激に大量の水が流れ込んだため倒壊し、さらに大きな被害を下流で出してしまった、という例もあった。

いくつかのダムも必ずしもうまく運用されていなかった。 洪水でたまった水を放流していたが、下流に対する影響をほとんど考えていなかった。日本であれば、計画内の洪水であれば下流で被害が出ない量までしか流さないようにゲートを操作している。スリランカでは下流の状況にお構いなしにゲートを開けるため、放流した水が水路から周りに溢れて被害が出ていた。必ずしも、放流する前に下流の町に放流の通知を流しているわけではなかった。

防災機関の努力が功を奏し始めている。スリランカでは、二〇〇四年のインド洋大津波では三万人を超える死者を出した。それまで多くの死者を出すような自然災害はなく、防災は大きな問題ではなかった。それ以降、防災省を作ったり、法律を作成したり、人を育てたりと、防災への取り組みを進めてきた。早期警報、避難、集団移転などソフトアプローチを主体としている。このたびの水害でも、こうした備えが効果を発揮していた。いまだ十分でないにしろ、県庁に防災担当者を置いたり、町役場では災害が起きた際の手順を決めておいたり、連絡体制を整えたり、などの対策を取っていた。少ない職員ながらハザードマップを作成したり、危険地域を特定して建築規制や家屋の移転を進めていた。日本とは降雨の予測などの技術レベルに違いはあるが、リスクを評価して対策を取るというアプローチは同じである。数年でゼロからここまで整えたのであり、立派なものである。

構造物による対策はほとんど取られていない。砂防ダムなどの施設はコストが高く、投資に見合う効果があるとは見なされないのである。家屋や、もしかすると人の命にも関わるのだが、そうした目的にお金を使うことはなかなか難しい。

知恵を使った対策工事　幹線道路の急斜面で、土砂災害から守るために低コストの工事が行われていた。日本であるような斜面をコンクリートで固める工事とは違い、お金をかけない材料や工法が取られていた。予算はなくても何とかして幹線道路を守りたい、という気持ちが伝わってくる。その心意気たるや、マニュアルどおりに何でも済ましてしまう日本の防災専門家も見習わねばなるまい。岩でできた長さ一〇〇メートル、高さ四〇～五〇メートル程度の斜面が崩れていた。鉄線でネットを張りながら現地の材料を活用して斜面を緑化していた（**写真14**）。工事に当たっては、一〇本ほど地質を調べるためのボーリング調査が実施され、斜面の形状等を決めていた。

写真14　低コスト斜面防災工法（スリランカ）

落石の対策は難しい。家の上に大きな岩石がありいつ落ちてくるかわからない、何とかならないか、と相談を受けた。がけを上って見に行った。確かに危ない。岩を頭の上に紐でぶら下げて寝ているようなものである。落ちたらおおごとだ、というのはよくわかったが、いかんせん対策が難しい。住民を避難させた上で、ダイナマイトを使って、岩石を破壊していたが、これも手間とコストがかかり、なかなか進んでいない。センサーを付けて岩が動いたら警報を出すことはできても、避難するほどの時間は稼げず、間に合いそうない。岩が落ちてきたら受け止めるよう、コンクリートで構造物は作れるが、コストが高すぎて現実的ではない。正直に、これは対策が難しい、と言うしかなかった（**写真15**）。

写真 15　落石の危険がある（スリランカ）

◇災害の世紀の始まり――インド洋大津波

災害の世紀が始まった。二〇〇四年の年末、インド洋のスマトラ沖で観測史上二番目のマグニチュード九・一の大地震が発生し、これに伴う津波がインド洋諸国を襲った。津波はアフリカにまで達し、二二万人以上が一瞬にして亡くなり、一七〇〇万人が家を失った。

災害やその復興には世界の関心が集まった。災害の規模が大きかったことに加え、ヨーロッパの旅行者に犠牲者が出たことが理由であろう。クリスマス休暇中のインド洋沿岸のリゾート地はヨーロッパからの旅行客でにぎわっていた。暗く寒い冬を避けて南国の常夏の海に遊びに来ていたのである。こうした災害もないような国の人たちが、アジアで多く亡くなった。ドイツやスウェーデン国籍の人が、それぞれ五〇〇名以上も犠牲になった。日本人も四〇名強が亡くなっている。

津波が人々を次々と襲う映像がテレビから大量に流された。こうした映像で、それまで話には聞いていた津波の恐ろしさを多くの人は初めて知ったのではなかったろうか。津波防災の専門家でさえ「初めて津波がどういったものかわかった」と言っていたほどである。最近では災害の恐ろしい映像が大量に瞬時に世界中に流れるが、その始まりであった。

何百万もの運命を変えたが、私にとってもこの災害は人生の転機となった。この頃私は、国家公務員を辞めて途上国援助を本職にしようかと迷っていた。そんな私を思いとどまらせようと役所の上司が一言、「年金と退職金を計算してみろ」と言うもので、計算してみた。確かに転職を思いとどまらせるに十分に損する額であった。TV画面からは、そんなつまらない金計算をあざ笑うかのように、悲惨な津波の災害映像が次から次へと流れてきた。世界では数え切れないほどの人々が命を亡くしているのに、お前の迷いはなんとくだらないことか、と問いかけていた。正月休み明けに上司に早速、退職を伝えた。

インド洋大津波以降、なぜか世界で数十万、数万の死者を出す巨大災害が続くことになる。インド洋大津波は、この一連の巨大災害の先駆けとも言える。インド・パキスタンでのカシミール地震(二〇〇五年)、ミャンマーを襲ったサイクロン・ナルギス(二〇〇八年)、中国の四川大地震(二〇〇八年)、ハイチ大地震(二〇一〇年)、東日本大震災(二〇一一年)などである。**復興援助は良くも悪くも多くの教訓を残し、その後の復興支援に影響を与えることとなる。**日本をはじめ多くの先進国、国際機関、ＮＧＯが支援を行った。被害額は一〇〇億米ドル(約一兆円)と言われているが、約束された援助額は一三五億米ドル(一・三五兆円)である。例えば、東日本大震災でも使われたCash-for-workという手法があるが、これはこの災害後に広く使われ、その後の災害復興での有効な手段となっていく。仕事を失った被災者に手っ取り早く現金を配布するため、がれき片付けなどの簡単な作業に対価を支払うものである。また、援助機関が集まって援助の評価を行った報告書では、トップダウンの援助機関が主導する支援は問題が多く、地元の社会事情を理解する被災地の行政機関や住民団体などと協働する重要性を指摘している。**現地では復興に向かい努力する人々と話をすることができた。**ＪＩＣＡで働き始めると早速、これらの国々に何度か足を運ぶことになった。この災害をきっかけに各国とも、防災体制を強化しなければ、と支援を求めてきていた。

写真 16　避難所を出てお店を始めた（インドネシア・アチェ）

住まいや生活を立て直す努力が始まっていた。一年ほど経って、住まいや生活を立て直そうと皆が努力していた。大きな災害であった。話を聞くと子どもや親、夫、兄弟など親しい家族の誰かしらを失っている。家屋や仕事もなくしている。新たな生活に向かって明るい様子に見える人たちも多いのだが、よそ者には本当の胸の内がわかるはずもない。ましてや文化も宗教も違う人たちである。

ビジネスを再開する。インドネシアのスマトラ島北部のアチェでは、援助機関から開業資金の提供を受けて、小さな小売店やレストランを始めていた。ただ、被災者が避難所から戻ってきていないので収入は決して十分ではない。ある店主は、避難所にいれば食事ももらえるし苦労はないんだが、することもなくて日がな一日寝ているばかりである。仕事がしたくて戻ってきて店を始めたんだ、と言っていた（**写真16**）。

漁船は素早く供与された。アチェやスリランカ沿岸での主要な産業は漁業である。東日本大震災同様にほとんどの漁船が流されてしまった。仕事を失った漁師は収入が絶たれ、厳しい状況に置かれてしまう。漁師が仕事を再開することが急がれた。援助機関や国際NGOにより漁船が供与された。二隻もらった人がいるとか、被災していない漁師まで漁船をもらったとか言われるほど、手厚い支援であった。災害後の混乱期で、住民票や戸籍も整っていない。また、あっても流されてしまった状況での援助である。スピードと量を優先すれば多少の齟齬はやむを得ないと考えたい。

女性への支援も重要である。漁船を流された漁師への支援に関心が高まったが、お父さんだけでなく、お母さんも災害前は仕事をしていたのである。魚市場での魚の販売だったり、食堂だったり。お父さんだけでなくお母さんへの支援も忘れてはならない。

女性グループの集まり　日本の支援により、お母さんたちは手芸品の製作やお菓子作り、干物などの食品加工で収入を得ようと集まりを持っていた（**写真17**）。スリランカでは、やしの実から繊維をとり、足ふきマットを作っていた（**写真18**）。こうした工芸品が売れればいくらかの収入になる。東北でも、女性グループが津波で損傷した魚網をリサイクルしてハンディクラフトを作り、ミサンガなどを販売していた。

住宅建設は、援助機関やＮＧＯの間での援助競争となった。目立つので、どの機関も力を入れていた。それぞれが調整なしに住宅を建設するため、家の広さや質がまちまちであった。デザインや装飾に凝った家まででき始めていた。

写真 17　だれかいい日本男性いないかしら？
お母さんたちの集まり
（インドネシア・アチェ）

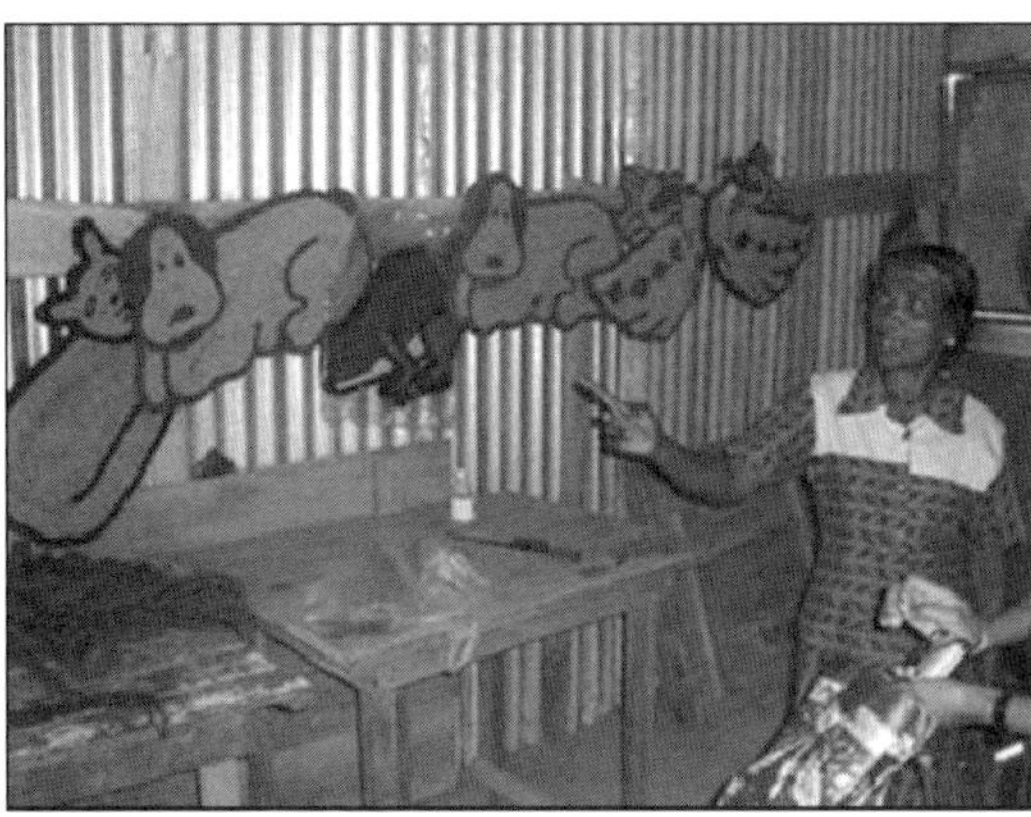

写真 18　足ふきマットの製作（スリランカ）

コミュニティが中心となって住宅を再建した。地域社会が中心となって住宅を再建することはコミュニティ主導手法と呼ばれ、効果が高い援助ができた。再建地の計画や家のデザインを住民が議論しながら決め、建築や資金の管理も住民グループが行う手法である。これにより、住民のニーズが取り入れられ、満足度も高くなっている。これに対して、援助機関主導もしくはトップダウンと呼ばれる手法で行われたものは、質が悪く住民が住まなかったり、地震に耐えられないような住宅も建設され、できた後にさらに修理するといった手間をかけていた例もあった。家そのものに注目が集まってしまったためか、排水溝や水道、道路の舗装、といった地味な支援は遅れていた。これでは、家ができても生活にはまだまだ不自由である。

◇復興には動きがある――一一年後の被災地

津波から一一年後、巨大災害の傷跡はすっかり消えていた。二〇一五年一二月にアチェを再訪する機会があった。建物が立ち並び、町の外にショッピングモールが建つなど開発が進み、被害の面影はなくなっていた。すっかり他のインドネシアの地方都市と変わらない風景になっていた。町中に車の数が増えていたのは驚いた。

被災者の苦労はまだまだ続いていた。移転地では、公共サービスが低下するという問題が起きていた。アチェ市内から一五キロほど離れた丘の斜面に作られた移転地がある。復興の際に香港の有名な映画俳優が訪れたことからその名が村に付けられている。約二七〇〇戸が建設された。生活に不可欠な水道、小学校、電気などは整備されている。建設当初から市内への交通、買い物や通学の不便さは指摘されていた。住民が住み始めて一〇年ほどになるが、新たな問題として、水道の供給が止まっていた。住民は高いお金を出して水売りから水を買っている。また、幼稚園の建物が建てられ、しばらくは運営されていたが、今は運営はしていない。町を歩いていると空き家が目についた。住み心地が悪くて街に出ていく人々がいるのだという。

津波ミュージアムが建設され、防災情報の発信拠点となっていた。高い土地のないアチェでは建物が避難所になっており、次の津波への備えとなっている。ミュージアムを使って避難訓練も行われていた。館長さんに話を聞くと、学校と一緒になって防災教育や避難訓練など様々な取り組みが始まったが、一〇年以上が過ぎ、そうした活動も広がらなくなってきたという。年月が進むとともに防災への取り組みが弱まってくる。どこでも同じ悩みを抱えている。お隣のマレーシアなど外国からも多くの人々が訪れ、〝tsunami tourism（津波観光）〟という言葉ができていた。

復興には長期的な視点が重要であることを実感した。復興の努力が被災地の社会経済の発展にどう役立つのか、長期にわたり災害に強い社会づくりをどう進めるのか、という視点を持つことが重要である。復興とは壊れた建物やインフラ施設を直すこと、と思いがちである。しかし、直ったら終わりということではない。社会は変化している。そして、途上国では、発展を続けている。復興と開発が密接に関連しており、復興の努力を開発につなげていかなければならない。施設を直したなら、その施設をどう活用するのか、水道施設を整備したり、学校を建設したのなら、それを人々が生活にどのように役立てていくのかを、考えなければならない（**写真19**）。

◇お国変われば防災変わる

これまで見てきたように、世界で発生する災害はそれぞれ違った形態であり、人々は違った対応をしている。災害の被害がなぜ大きくなるのか、どうすれば被害が減らせるのか。災害というと、どの断層が動いた

写真19　11年後の被災地。右端が筆者（インドネシア・アチェ）

とか、何年に一度の記録的な豪雨、といった自然現象に関心が向かいがちである。それだけでなく、社会経済的な要素をきちんと把握せねばならない。そして、人々、地域社会がどのように災害に対応しているのか、を理解する必要がある。その上で、何のお手伝いができるのかを考えていく。

スリランカでは人口が増加し、危険な斜面に家を造るので、災害が増えていた。タイでは海岸沿いのリゾートに遊びに来ていた観光客が津波の犠牲になった。チリやベトナム、スリランカでは地域社会で避難を中心とする対応をしていた。ベトナムでは地域社会で婦人団体や青年団といった住民団体が、避難の支援などに中心になって対応していた。

国によっては、堤防や砂防ダムといった構造物には投資しづらく、避難による対策が中心とならざるを得ない。チリと日本とでは人口密度が違う。同じ津波でも、対策は同じにはならない。堤防などの構造物対策は、沿岸に工場や街の開発が進み、人が多く住む日本では投資効果があるが、チリのような海沿いに人があまり住まない国では効果が限られる。土砂災害は小規模な災害なので、投資しても守るべき家の数が数十軒と少ないことが多く、投資の効率が悪くなる。こうして多くの途上国では、津波や地すべりに対しては警戒を強め、避難を準備していくことが現実的な対策となる。

第2章　災害格差

災害には格差がある。災害は、とりわけ社会で弱い立場に置かれた人や貧しい人を襲う。人がすることなら情け容赦や手加減もあろうが、自然はお構いなしに残酷に弱者に襲いかかる。もちろん災害はもともと、発生する場所を選んではいない。洪水も地震も、日本でも中国でもアメリカでもパキスタンでも、豊かな国でも貧しい国でも起こる。しかし被害の大きさ、むごさには明らかな違いがある。貧しい国で多くの人が亡くなるのである。そして、特に貧しい人が亡くなる。それぞれの社会が守り切れていない弱点が露呈し、そこに被害が集中するのが災害である。

貧困を減らし、人々の生活を豊かにするはずの経済の成長が、皮肉なことに災害による被害を増やしている。都市が発展し多くの人が地方から流入すると、火事や地震に弱い密集市街地ができる。橋や公共施設も地震に強いとは限らない。川や海沿いの危険な低地に人が住み、洪水や高潮、津波に襲われる。都市に隣接する丘陵や山すそを宅地に開発して人が住むと、土石流やがけ崩れに襲われてしまう。
まずは、豊かな国と貧しい国の格差を見てみたい。

◇貧しい国に集中する被害

途上国では人の命は安いのか。途上国では、先進国とは文字どおり桁違いに多くの命が災害によって失われる。途上国では人の命は安い、と言わざるを得ない。別の言い方をするなら、世界が途上国に住む人々の命は安いと暗に認めている、ということだろう。そうでなければ、先進国から多大な援助が災害対策のために行われていてもおかしくない。

死者の多くは途上国に集中する。表1と表2は、一九八〇年以降の世界の十大災害を並べた表である。それぞれ、死者数と被害額を示している。死者数のランクを示す**表1**には貧しい国々がずらりと並ぶ。ハイチの地震やインド洋大津波、ミャンマーのサイクロン・ナルギスなど、数十万人の死者を出した大災害が今世紀に入ってから発生している。我々の記憶に新しい東日本大震災は二万人を超える犠牲者を出し、日本国内では未曾有の災害と呼ばれたが、これらの世界中で発生している大災害と並べれば、ワースト10には入らない。

被害額は先進国が多い。次に、**表2**に大災害を被害の金額の大きさで並べ替えてみる。死者数

表1　死者の多かった自然災害（1980年以降）

	年	国	災害	死者数
1	2010	ハイチ	地震	222,570
2	2004	スリランカ、インドネシア、タイ他（インド洋大津波）	地震・津波	220,000
3	2008	ミャンマー（サイクロン・ナルギス）	サイクロン・高潮	140,000
4	1991	バングラデシュ	サイクロン・高潮	139,000
5	2005	パキスタン、インド、アフガニスタン	地震	88,000
6	2008	中国（四川地震）	地震	84,000
7	2003	ヨーロッパ	熱波	70,000
8	2010	ロシア	熱波	56,000
9	1990	イラン	地震	40,000
10	2003	イラン（バム地震）	地震	26,200

注：アミ地は途上国（2015　Münchener Rückversicherungs-Gesellschaft, Geo Risks Research, NatCatSERVICE を基に作成）

表2　被害額の大きかった自然災害（1980年以降）

	年	国	災害	被害額（億ドル）
1	2011	日本（東日本大震災）	地震・津波	2,100
2	2005	アメリカ（ハリケーン・カトリーナ）	ハリケーン・高潮	1,250
3	1995	日本（阪神淡路大震災）	地震	1,000
4	2008	中国（四川地震）	地震	850
5	2012	アメリカ他（ハリケーン・サンディ）	ハリケーン・高潮	650
6	1994	アメリカ（ノースリッジ地震）	地震	440
7	2011	タイ	洪水	430
8	2008	アメリカ他（ハリケーン・アイク）	ハリケーン・高潮	380
9	2010	チリ	地震・津波	300
10	2004	日本（中越地震）	地震	280

注：アミ地は途上国（2015　Münchener Rückversicherungs-Gesellschaft, Geo Risks Research, NatCatSERVICE を基に作成）

ではワースト10に入らなかった東日本大震災が最悪の被害額となる。そして今度は、世界の経済規模ベスト3の日本、アメリカ、中国が繰り返し登場することになる。**図3**に示すとおり、途上国の巨大災害とは多くの人が亡くなり、先進国の巨大災害では被害額が大きい。例外として、死者数・被害額がともに大きいのは中国の四川地震である。、**額は小さくても途上国の経済に深刻な打撃を与える。**途上国では被害額そのものは小さくても、国全体に与えるインパクトは大きい。二〇一〇年ハイチ地震では首都が壊滅状態になり、被害額はGDP比で一二〇%となった。二〇一一年のタイ洪水ではバンコク首都圏周辺の工業団地が被害を受け、GDP比で一三%の被害を受けている。これに対して東日

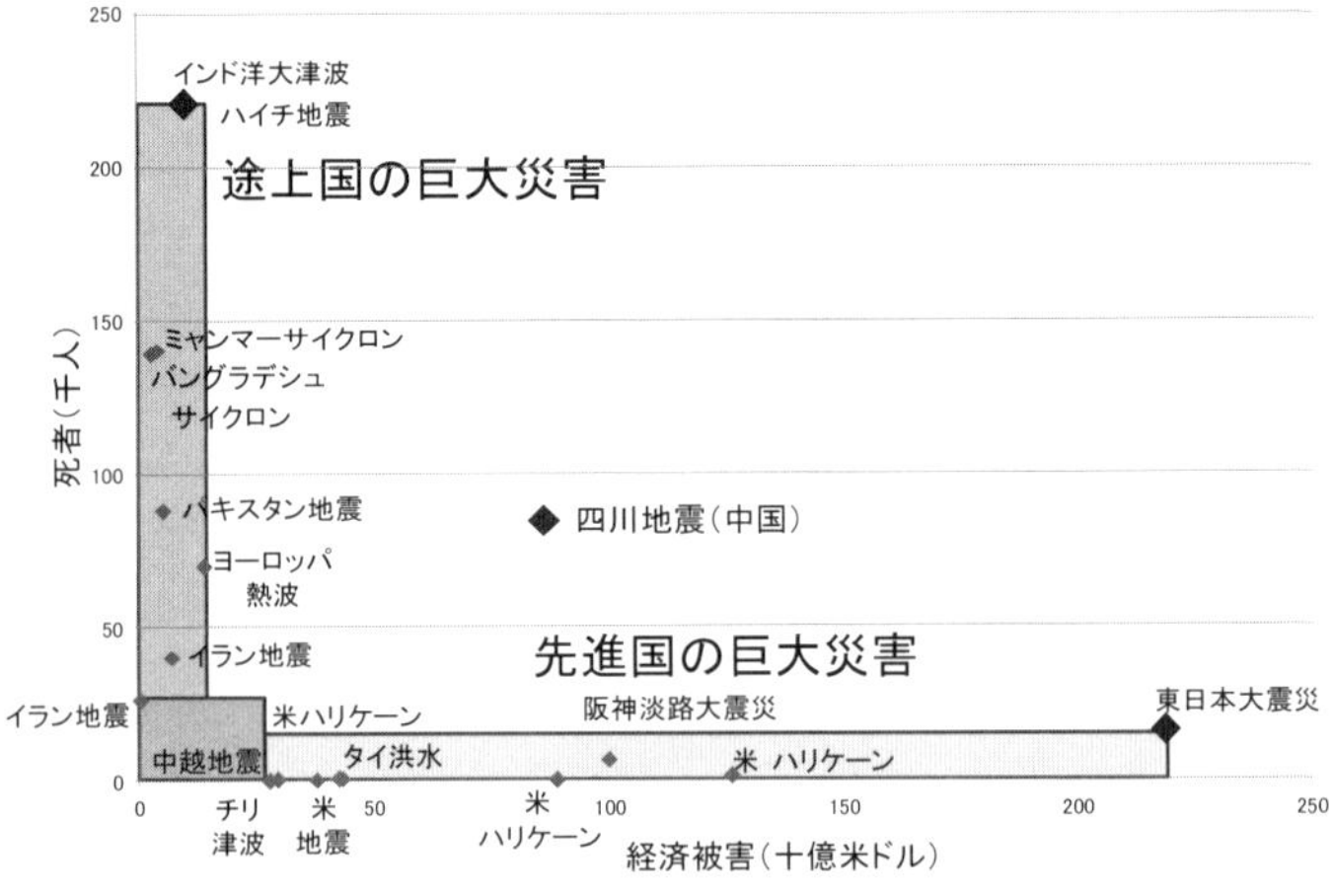

図3　世界の巨大災害の分布（1980-2015）
（2015　Münchener Rückversicherungs-Gesellschaft, Geo Risks Research, NatCatSERVICE を基に作成）

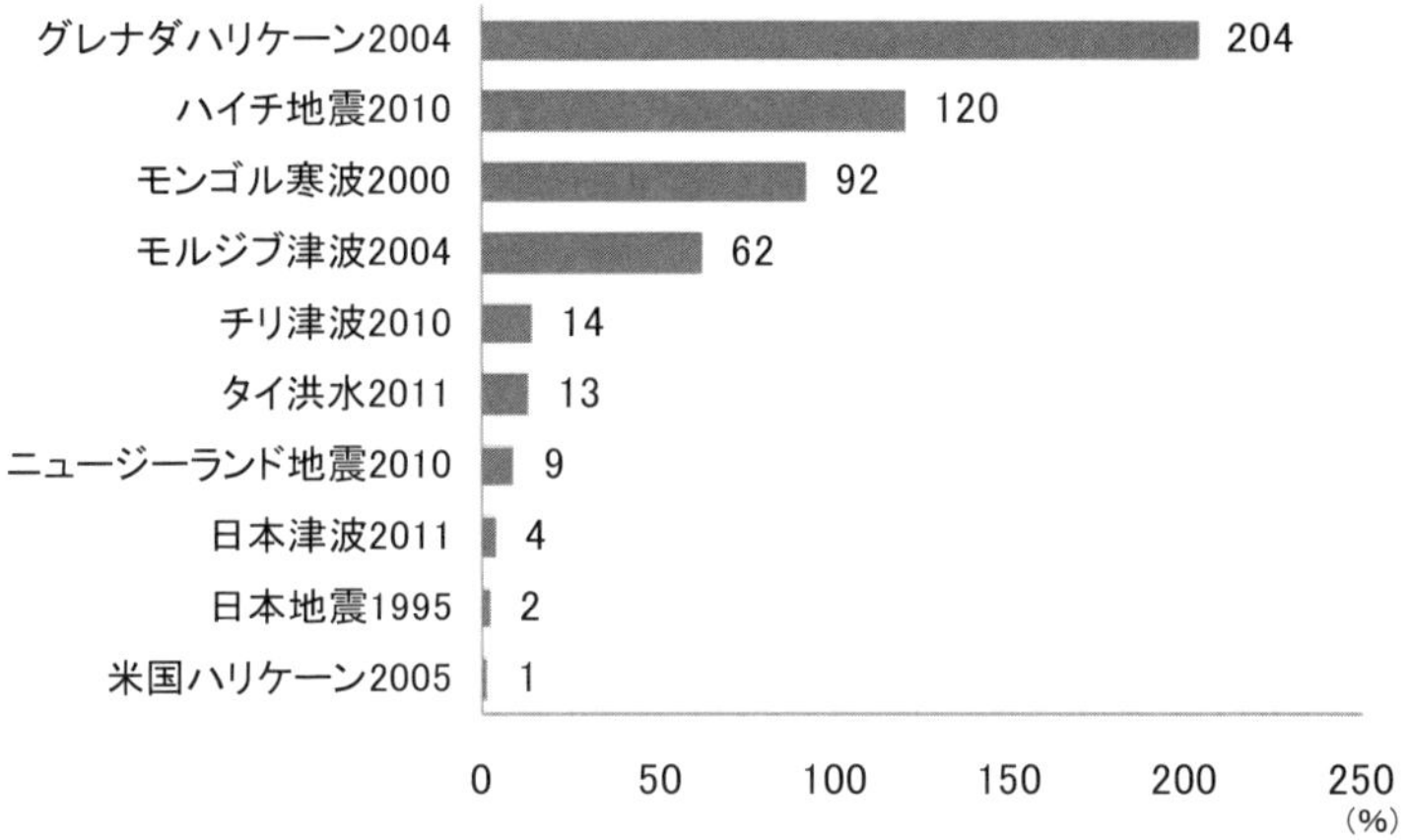

図 4　災害被害の GDP 比（平成 20、27 年防災白書から作成）

本大震災は、被害額こそ最悪であるものの、GDP比では四%となり国の経済全体に与える影響は途上国での災害より小さかった。同じく、阪神淡路大震災では二%となっている(**図4**)。

　途上国と先進国の死者数と被害額は、このようにがらりと様相を変える。その理由はどう考えればいいのであろうか。

先進国では防災への取り組みや投資を進めてきた。

日本はじめ先進国では、一回の災害で数万人が亡くなるような巨大災害は珍しくなった。例えば、日本は堤防やダム、警報などに多大な予算をかけて水害に備え、被害を減らしてきた。建物は地震の揺れに耐え命を守ってくれる。近年の地震では、最新の基準で作られた建物ではほとんど被害が出ていない。守るべき建築基準が整えられ、設計を審査し許可し、建築工事を監督する制度や、そのための組織や人材を整備してきた。

これに対して途上国では少ない予算を、毎日の生活に欠かせない水道、学校や病院、道路など、待ったなしの問題に対して使わねばならない。いまだ、川の水を飲んだり、数十分もかけて水を汲みに行ったり、トイレがなく茂みで用を足したり、というひどい衛生状況に多くの人々が置かれている。

道が舗装されておらず、橋が架かっていないため、大雨が続くと通行できない。舗装道路ができれば雨季でも町に行くことができるのに、との望みも高い。いつ起こるともしれない、運が良ければしばらくは起きないかもしれない災害に備えるため、予算を割くことは難しい。こうして堤防やダムの建設、災害を予測し警報を出すのに不可欠な気象観測機器などの購入は、どうしても後回しになってしまう。こうなると、洪水や高潮が起きても防ぐことができない。

援助も万能ではない。政府や国際機関による途上国の援助があるではないか、と思うかもしれない。しかし途上国の意向を無視して押し付けるわけにはいかない。途上国の優先するプロジェクトに援助資金は回ることになる。そして、残念ながら援助機関側の防災への取り組みも決して十分ではない。

組織や体制、人材、技術も不足している。資金だけの問題ではない。建設工事と違って、お金がかかるわけではないのだが、被害を減らす制度や組織ができていない。人も育っていない。

例えば、地震で多くの人が亡くなるが、人を殺すのは地震ではなく危険な建物だ、と言われる。途上国では建築基準は作っているのだが、建築の許可を出す役所に技術的な判断ができる職員がいるとは限らず、許認可の手続きがどこでも機能しているわけではない。建築物の図面を役所が審査し、工事を検査する、という体制が取られていない。日本でも時折、手抜き工事や設計のごまかしなどがニュースになることはあるが、これは違法行為で例外と言える。

地震がなくても建物が壊れる。バングラデシュで九階建ての鉄筋コンクリート造りの建物が崩壊して約一一〇〇名が亡くなる、という事故が二〇一三年四月に発生している。中に入っていた縫製工場で働く従業員が犠牲となり、うち八割が女性、多くは二〇代だという。現代バングラデシュ版の女工哀史である。そもそも建物の設計に不備があり、違法に増築され、その上、工事の質も不十分だった、と幾重もの問題が指摘されている。建設の前には法律で定められているとおり、市役所に建築申請をして、市役所からは許可も出ている。しかし、実際に図面の審査や工事の確認が行われたわけではない。きちんとした建物を造るメカニズムが機能しない。

地震で揺れてなくてもこの有様である。本当に地震があれば多くの犠牲者を出すことになる。二〇一五年四月のネパール大地震では八〇〇〇人以上が亡くなった。多くはレンガ造りの家が崩れて下敷きになって亡くなった。きちんと耐震の家であったならば、被害は大幅に減ったであろう。公の施設とて例外ではない。二〇〇五年のパキスタンの地震では七〇〇〇以上の学校が損壊した。そして約一万八〇〇〇人もの子どもたちが亡くなっている。中国の二〇〇八年の四川地震でも学校の崩壊が大きなニュースとなった。同じく七〇〇〇以上の学校が被害を受けている。

こうして命の価値に格差が生まれる。世界の自然災害による死者は途上国に集中する。**図5**に示すとおり、高所得国以外に災害による死者の九割が集中している。特に、死者の半数は、人口では一割強を占める貧しい国々で発生しているのである。高所得国での死者は一割以下である。

◇貧困と災害の悪循環の罠

貧しい人々は貧困と災害の悪循環に捕らえられる。この悪循環を断ち切り抜け出すのは、容易なことではない。まじめに働いて少しずつ生活を豊かにして

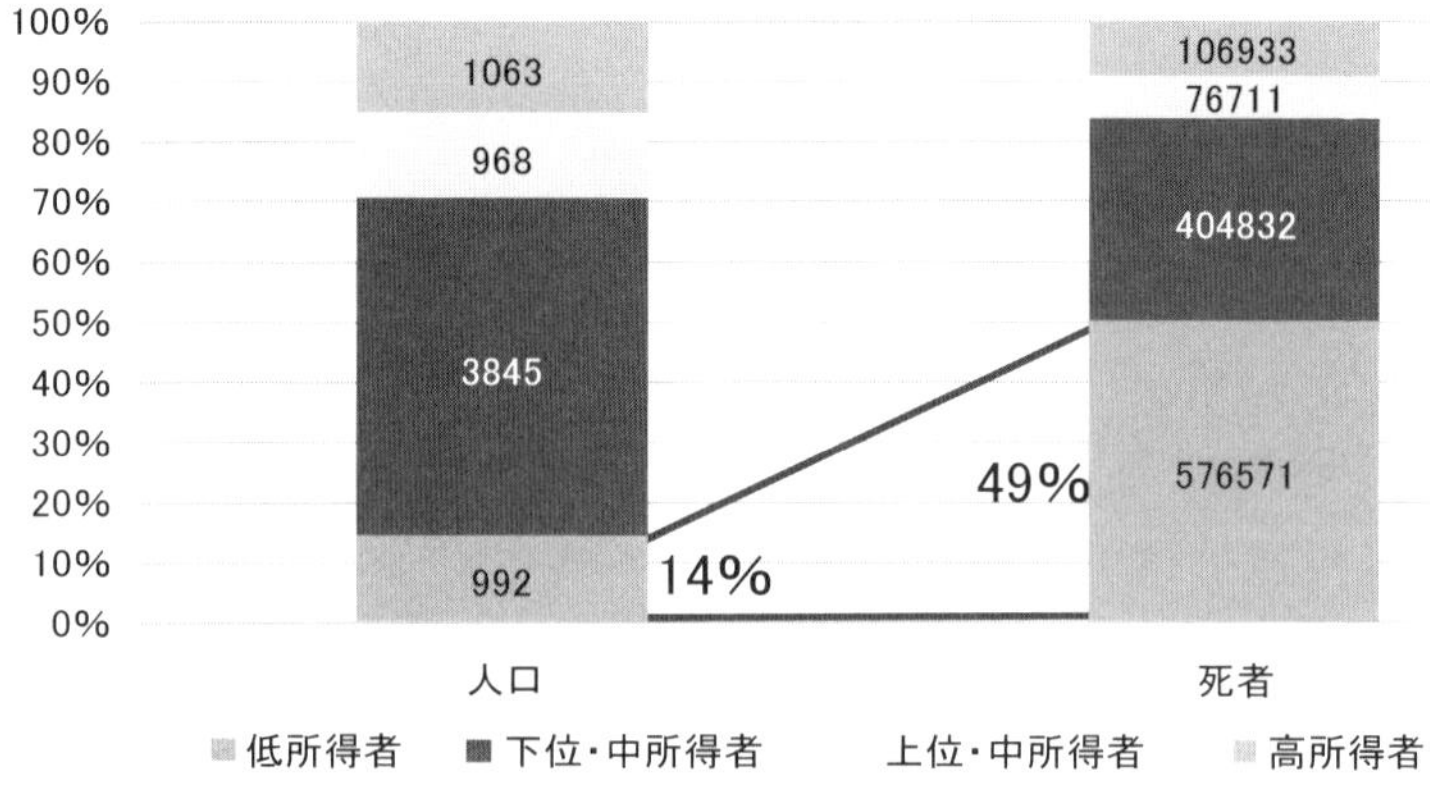

図5　国の所得分類による死者数（2000〜2011年）
（平成25年防災白書から作成）

きた。そう思っていても、災害で一瞬にしてすべてを失い元の木阿弥、それどころか、極貧へと転げ落ちることとなる。それまで努力して広げてきた田畑や、コツコツとためてきた財産を洪水や土石流で失ってしまう。食費などの支出を切り詰める、さらには、家や土地、家畜を売りに出す、など追い詰められていく。こうなると、元の生活に戻るのも容易ではない。貧しい人々が苦しむ格差を考えてみたい。

災害が来ると貧困層に転がり落ちる。中米はハリケーンにたびたび襲われている。一九九八年にカリブ海で発生したハリケーン・ミッチは、中米や米国・フロリダに被害を与え、約二万人の死者を出す大災害となった。最大の被害を受けたのは、中南米の最貧国のひとつであるホンジュラスであった。国民の約三分の二は貧困ライン以下の生活を送っており、三分の一は絶対貧困層(一日を一・二五ドル、約一三〇円で過ごす)に属する。一日一三〇円ということは一家四人として約五〇〇円、月に一・五万円で一家の生活をまかなわなければならない。いくら途上国は物価が安いといっても、この額では生活がかつかつとなる。ハリケーンによる洪水や土砂災害の被害は全国に及び、五〇〇〇人以上が亡くなり、貧困層は人口の約三%に当たる一六・五万人増加、つまり、多くの人々が新たに貧困層に転がり落ちた。国全体の経済にも大きな被害を与え、GDPの七〇%に当たる経済被害を受けた。一九九八年の経済成長率は五・二%から三%に、一九九九年では五・五%からマイナス一・九%に下落した。

貧困層は持ち物が少ないので被害の絶対額は小さいが、なけなしのものを失い生活へのダメージは大きい。　ホンジュラスで行われた調査によると、貧困層の資産の損害額そのものは富裕層に比べれば一五分の一以下と少ない。もともと貧困層は持ち物が少ないからである。失った資産の主なものも、ベッドやニワトリといったいわば小物である。これに対して富裕層では豚、家畜、音響機器など、大きく価値もあるものになる。しかし総資産に占める割合では、貧困層は資産の一八％を失ったのに対して、富裕層の方が少なく八・五％となる。影響は、貧困層の方がより大きい。貧困層にとっては、数少ない家財の中でベッドは彼らや彼女らにとって高額な品であり、ニワトリは貴重な収入源である。

危険な場所に住む貧困層　マニラやホーチミン、ダッカなど途上国の大都市に行くと、川や水路沿いに、時には水路の上に、寄せ集めの端材を使って作ったよう

写真 20　ジャカルタの排水路わきの住居

な掘っ立て小屋に貧しい人々が住んでいるのを見ることができる（**写真20**）。ブラジルでは、急な斜面やがけのように危険な場所に住む。数千、時には数万戸が集まり、商店があったりと、立派な町になっていたりもする。マニラではバスケットコートや診療所まであった。川は黒く淀み悪臭が立ち込め、衛生状態や生活環境はいかにも劣悪である。洪水が来ればひとたまりもない。すぐに浸かってしまう。火が出れば容易に燃え広がるだろう。

レイテ島では貧困層に集中して被害を出した。第二次世界大戦の激戦地で有名なフィリピン・レイテ島にあるオルモック市では、一九九一年に台風が襲い、約八〇〇〇人が亡くなった。人口は約一五万人なので人口の五％強が亡くなったことになる。被害が多くなった原因のひとつとして、川の中州に貧困層が多く住んでいて、流されてしまったことがある。全体の数が約八〇〇〇と大雑把な数字になっているのは、川の中州に住む貧困層の人口が把握できなかったためである。約三〇〇〇人が住んでいたと言われている。

中州はイスラベルデ、「緑の島」という意味の穏やかな名前で呼ばれていたという。ここに住んでいたのは農村部やフィリピン中部の島から、この地域の中心都市であるオルモックに仕事を求めて集まってきた家族であった。主な職業は、路上の物売りや港湾の荷役といった低賃金労働であった。上流で森林が消失し、農園主が所有するサトウキビ畑として開発されたことが洪水被害を増大させた要因となった、との指摘もある。

オルモック市を流れる河川はとても小さく、どうしてここで数千人も、と思うほどであった。河川工学の視点から説明すれば、川の曲がった箇所に橋がかけられていて、治水上の弱点になっていた。曲がっていると洪水がスムーズに流れず水面が上昇したり、流れが乱れて堤防に損傷を与えたりしかねない。橋には上流から流れてきた流木や家屋が引っかかり、洪水をせき止め、ダムのようになってしまった。これが一気に崩壊し、ためられていた川の水が濁流となり中州や町を襲ったのである。川はなるべくまっすぐに改修し、スムーズに海に流す、というのが治水の基本になる。その後、日本の援助で川は直線に造り替えられ、橋も架け替えられ、上流には流木を捕らえる施設が造られ、今では洪水の被害が少なくなっている。

阪神淡路大震災でも貧困層の被害は大きかった。生活保護受給者の死亡率は平均の五倍という。死者の八割は住宅の下敷きになって亡くなった。その倒壊した建物の多くはコンクリート造りではなく、老朽化した狭い木造住宅である。家賃は安く、所得の少ない層が多く住んでいた。

災害の危険性は知っている。なぜ、貧しい人々は危ないところに住むのだろうか？　川の中州や低地、がけの上や下など危険な場所に住んでいる貧困層は、災害の危険を知らないのだろうか。いや、実は災害のことをよく知っている。家の床の高さはしょっちゅう襲ってくる洪水よりぎりぎり高く作ってあったりする。途上国では地形や河川の観測データがなくて洪水のシミュレーションに苦労するのだが、貧困層の家の床の高さが、精度の高いシミュレーション代わりになる。

彼ら、彼女らは与えられた条件の中で合理的な判断をしている。都市に住む貧しい人々には、様々な災難が待ち構えている。失業や収入減、洪水、地震、事故、火事、劣悪な衛生環境、伝染病等々、その中でどの災難を受けるのかを選ばなければならない。最も優先されるのは仕事の機会である。日雇いの仕事や単純労働などの仕事に就くには、町中の条件の厳しいところに住まざるを得ない。一日働いても数百円程度の日給では、郊外から数十円といえども公共機関の交通費を払う余裕はない。郊外に住んで収入が減り、食べ物に苦労する生活を送るよりも、町中で家賃の安い地区に住み、たまにしか来ない洪水の危険を取る、という合理的な選択をしているのである。土地の所有権を持たない不法居住なのだが、家を建てた所有者は別にいて、家賃を払っている場合も珍しくない。中間で手間賃を取る貧困ビジネスである。

途上国ならではのセーフティ・ネットになっている。こうした人々を、川や水路といった公的な土地を占拠する不法居住者だ、と犯罪者扱いして非難することは適当ではない。ましてや、堤防を建設するから、と力ずくで追い払うのは全くもって許されることではない。最も洪水で困っているのは、こうした川沿いに住む貧困層である。日本であれば、収入の少ない家庭は地方自治体が建設する公的住宅に住むことができる。途上国では、まともな低所得層向けの公的住宅の制度が整っていない。失業保険や生活保護などのセーフティ・ネットも不十分である。

いわば、こうした貧困層の町は貧弱な社会制度の補完をしている、とも言える。**こうした貧困層の存在を前提として世の中が回っている。**ここに住む人々は、都市経済の重要な担い手である。デパートの売り子さんや、タクシーのドライバー、メイドさんなど貴重な労働力である。公務員も住んでいる。もしすべてを追い出すようなことをすれば、たちまち都市は機能しなくなってしまうだろう。票につながるから、と積極的に受け入れる政治家もいるかもしれない。

日本でも似たような問題を持っていたが、解決してきた。戦後、権利関係のはっきりしない商店が並ぶヤミ市がしばらく整理されなかったり、水辺に海外からの引揚者がバラックを建てて住んだり、と同じような境遇にあった。その後、経済成長に伴い、再開発事業や低所得者用住居の整備で、近代的な都市へと発展していった。例えば広島では、中心部の太田川沿いに、戦後引揚者や被災者が住んでいた一帯があり「原爆スラム」と呼ばれていた。公営住宅を建設し、河川工事も行い、今では住宅地や公園としてきれいに整備されている。

◇災害で死んだ方がよかった――復興への険しい道のり

復興にも厳しい道のりが待つ。災害から生き延びたとしても、多くのものを失った貧困層にとって復興は険しい道のりとなる。こうして貧困と災害の悪循環に捕らえられ抜け出すことができない。途上国では、被災者が受けられる支援は極めて限られている。政府や保険などの支援があったとしても、微々たるものである。生活再建のための保険金や支援金を受け取ることもできない。貧しい人たちは災害による被害を最も被りやすい上に、そこから立ち直るための手助けも限られている。

普通の災害では世界から支援金が集まらない。国際援助もいつも十分とは限らない。インド洋大津波のようにインパクトのある巨大災害であれば、CNNなどが報道し国際的にも関心を集める。こうなれば、多くの国際NGOが支援に入り、巨額の支援金が集まる。スリランカでは、被災した沿岸地から少し内陸側の被災しなかった漁民にまで漁船が支給され、漁民たちは「ツナミ・プレゼント」と呼んでいた。このように手厚い支援は例外である。毎年のように頻繁に起きている災害には、世界の関心も薄い。災害が発生すると、国連では国際社会に支援を要請する。しかし平均して、必要額の三分の二ほどしか集まらない。

被災者に差し伸べられる助けの手は、極めて乏しい。途上国では政府や自治体の財政基盤がもともと弱く、十分な支援を行うことができない。家を失っても仮設住宅も与えられず、いつまでもテント暮らしを余儀なくされる家族が出てくる。保険と言えばせいぜい自動車保険ぐらいである。生命保険や住宅保険の制度が普及していない国に、さらに仕組みの複雑な地震保険は売り出されない。

「洪水で死んだ方がよかった」と口にするほど追いつめられる。例えば、アジアの最貧国ネパールでは毎年のように洪水や土砂災害が起きる。だが、さほど世界からの注目を集めない。死者の数が多くても数千人、普通の年なら数百人、と世界を驚かす規模ではないからかもしれない。こうして援助から取り残された被災者は、半生かけて開墾した畑が一瞬にして土砂に埋まってしまい再起もままならない。別の被災者は、貴重な資産である水牛を次々と売り払い出稼ぎに出るはめになる。高利貸しからお金を借りることにもなりかねない。

インドの貧困層は災害後、元の生活に戻れない。急速な経済発展を遂げる新興国の代表格インドの商業都市ムンバイでは、川沿いのスラムに貧困層や社会の少数派が住む。インド人の多数を占めるのはヒンズー教徒であり、カースト制度により身分や社会的な地位に影響を及ぼす。洪水が起きると水が溢れる川沿いには、身分の低いカーストやイスラム教徒など、社会の主流になれない人々が住んでいる。二〇〇五年に起きた洪水では、この地区が最も被害を受けた。家計の調査が行われている。約四割の住民は食事の量を減らさざるを得なくなり、六日ほど仕事を休むこととなった。これまでの蓄えを使っても元の生活レベルには戻れなかった。その内訳を見てみよう(**表3**)。家財は二割が失われた。壊れた家を直すのに、公的な支援は受けられず、それまでの少ない蓄えから出すこととなった。家財と家の修繕には、それまでの蓄えでは

表 3　ムンバイの被災者の被害と蓄え

家の修繕費	108 ドル（1 万 1 千円）
家財の被害	177 ドル（1 万 8 千円）　（全家財 805 ドル（8 万円））
貯金	159 ドル（1 万 6 千円）
月収	193 ドル（1 万 9 千円）

（Hallegatte, S. et al.（2010）から作成）

足りない。蓄えを使って家は直せても、新しい家財をすべて買うことはできず、貧しい人々は元の生活には戻れない。

阪神淡路大震災でも弱者は厳しい状況に置かれた。仮設住宅での孤独死が問題となった。近所や家族も気がつかないうちに亡くなり、数日して発見される。単に地域社会や家族から孤立して寂しく亡くなった、というだけでなく、貧困を原因として災害により追い込まれていく、というプロセスをたどる。病苦によって仕事ができなくなり、収入がなくなり、生活が崩壊する。持病が悪化して、満足な治療も受けられないまま死に至る、というケースが多いという。

先進国では支援策が整備されてきた。被災者は、完全ではないとしても、助成金や仮設住宅など、政府や自治体から何らかの支援を受けることができる。自分でかけていた災害保険の補償金やそれまでの貯蓄も復興の手助けとなる。日本では、家を失った被災者には仮設住宅が支給される。一九九五年の阪神淡路大震災をきっかけに、被災者の住宅再建を直接支援する仕組みもできた。これにより、住宅の撤去費用などが三〇〇万円まで支給される。さらに、自治体による上乗せの支給もある。

被害を補償する住宅保険や地震保険の仕組みも整っている。日本では、民間や共済組合の地震保険に約四割の世帯が加入している。東日本大震災では、住宅の被害に対して二兆円を超える保険金が支払われた。建築物の被害は一〇・四兆円とされており、商業・工業施設と合わせると、四分の一以上の被害がまかなわれている。支払いも迅速であった。震災発生後五カ月以内に九割の保険金の支払いが済み、被災者の生活再建に貢献した。アメリカでは二〇〇五年のハリケーン・カトリーナで一二五〇億ドル（約一二・五兆円）、二〇一二年のハリケーン・サンディで六五〇億ドル（約六・五兆円）の被害を被ったが、このうち約半分は保険金が支払われている。このように、災害が起きても復興する手立てが整えられてきた。

◇経済発展で増え続ける被害

人が住み開発することで災害となる。そもそも、人が住んでおらず町がなければ、いくら大きな地震や洪水が発生しても被害は出ない。シベリアで川の水が溢れても、アラスカで大地震が発生しても、人が住んでいなければ、災害が発生したとは言わない。自然現象としての研究はされるだろうが、災害対策を検討する対象とはならない。

経済成長が進むほど被害ポテンシャルは大きくなる。都市化が進み、工場や事務所、インフラ施設が建設される。特に海沿いや川沿いの低い平らで軟弱な地盤の土地が開発されていく。人々が農村から町に働き口を求めて住み着く。危険地域に家が、強さが十分でないインフラが次から次へと造られる。そこに自然現象としての地震や洪水が襲うことで、初めて被害が出て災害となるのである。このように、災害と経済発展は密接に関連している。貧困を減らし、人々の生活を豊かにするはずの経済発展が災害を作り出してしまう。対策が追い付かなければ、発展につれて災害被害が増えてしまう。

災害を理解するには被害を出してしまう社会的な背景や変化を知ることが不可欠である。災害対策というと、地震や津波の発生メカニズムや、堤防建設や地震予知・予測など、科学や工学に注目が集まる。しかし自然現象を理解し、それをどう制御するかを知るだけでは不十分である。

挟み込んでの殻割り　図6は、社会経済の構造と自然現象が合わさって災害となる仕組みを説明している。左からは社会的な要因が、右側からは自然現象が、挟み込んで災害が発生する。両側から力が加わり、ピーナッツの殻を割るように破壊が起きる。途上国ではもともと災害に対する備えや弱者を守

図6　災害の構造（出典：防災学原論）

る政策が整っておらず、これが災害に弱い社会の根源的な原因となっている。社会に都市化や経済成長といった変化が起きると、災害への弱さ、脆弱さがますます進む。ひとたび何か起きれば、という危機的な状況に置かれてしまう。そこに地震や洪水等が襲うことで被害が大きくなるのである。

経済発展の進むアジアの沿岸大都市圏は危険地帯　日本も含めアジアではマニラ、ホーチミン、ジャカルタなどの大都市が、洪水被害を繰り返し受けている。いずれの都市も海岸沿いの河川の河口の低地に位置している。古くから河口には港ができて交通の要所となっており、商業や行政の中心地として発展してきた。過去三〇年間にアジアで発生した水害は、件数では世界全体の約四〇%を占めた。また、世界で水害リス

表4　世界の危険都市の順位

順位	危険地域の人口		経済被害(労働損失の日数を指数化)	
1	東京-横浜(日本)	5710万	東京-横浜(日本)	4.50
2	マニラ(フィリピン)	3460万	大阪-神戸(日本)	2.71
3	珠江デルタ(中国)	3450万	名古屋(日本)	2.69
4	大阪-神戸(日本)	3210万	珠江デルタ(中国)	1.78
5	ジャカルタ(インドネシア)	2770万	アムステルダム-ロッテルダム(オランダ)	0.96
6	名古屋(日本)	2290万	ロサンゼルス(米国)	0.93
7	コルカタ(インド)	1790万	ニューヨーク-ニューアーク(米国)	0.62
8	上海(中国)	1670万	サンフランシスコ(米国)	0.47
9	ロサンゼルス(米国)	1640万	パリ(フランス)	0.46
10	テヘラン(イラン)	1560万	台北(台湾)	0.39

(出典：Swiss Re,Mind the risk a global ranking of cities under threat from natural disasters Swiss Re, 2013)

クにさらされている人々のうち、九〇％以上がアジアで暮らしている。そして、地震の発生する地域とも重なっている。アジアの大都市や東京、横浜、大阪、名古屋など日本の大都市圏が世界の災害危険地帯の上位八位までを占める。これは保険会社が、洪水、風害、高潮、地震、津波の災害の危険地域に住む人口を推計したものである。経済被害で見ると、マニラやジャカルタなどの途上国の都市は圏外になり、ヨーロッパやアメリカの都市が順位に入ってくる（**表4**）。

フィリピンでは災害が多発している。日本と同様に台風、洪水、土砂災害、地震、火山噴火など、様々な災害に襲われる。なんでも災害が揃っていることから、フィリピン人は自虐的に「災害のデパート」と自分の国を呼ぶ。台風は太平洋で年間三〇個程度発生するが、そのうち二〇個はフィリピンを襲うことになる。日本では上陸と接近合わせて一〇個程度である。災害の死者は一九九〇年から二〇〇三年の平均で九〇〇人となる。洪水被害額は平均で一六〇億円で、これは国家予算の二％に相当する。

巨大水害は着実に増加している。フィリピンで頻繁に起きる水害での被害の傾向を**図7**に示す。一〇〇〇人以上の死者を出したのは一九七〇年代に一回、八〇年代と九〇年代に二回ずつ、二〇〇〇年代には三回、一〇年代に入ると二〇一一年から一二、一三年と三年連続となっている。これにつれて被害額も増加している。特に一三年の台風によるレイテ島を襲った高潮災害が、これまでにない被害をもたらしているのがわかる。最近、フィリピンでは災害対策を強化している。被害の増え方から危機感を抱いて、対策を取り始めている。堤防建設に使う予算を増やし、水資源の開発など他の分野とも協調するような取り組みを始めている。

二〇一一年に発生したタイの洪水では経済成長を支えた工業団地が被害を出した。自動車やコンピュータ関連の製造工場が浸水した。こうした工業団地は、もともとは平野に広がる水田で水に浸かりやすい地帯であった。水田であれば多少の洪水は問題にならない。むしろ水がある方がありがたい。稲はもともと水に浸かって育つ。一日程度であれば洪水に耐えることができる。そこに団地が造られ、洪水が来た。今度はいけない。工場の機器は稲とは違って洪水には弱かった。そして、

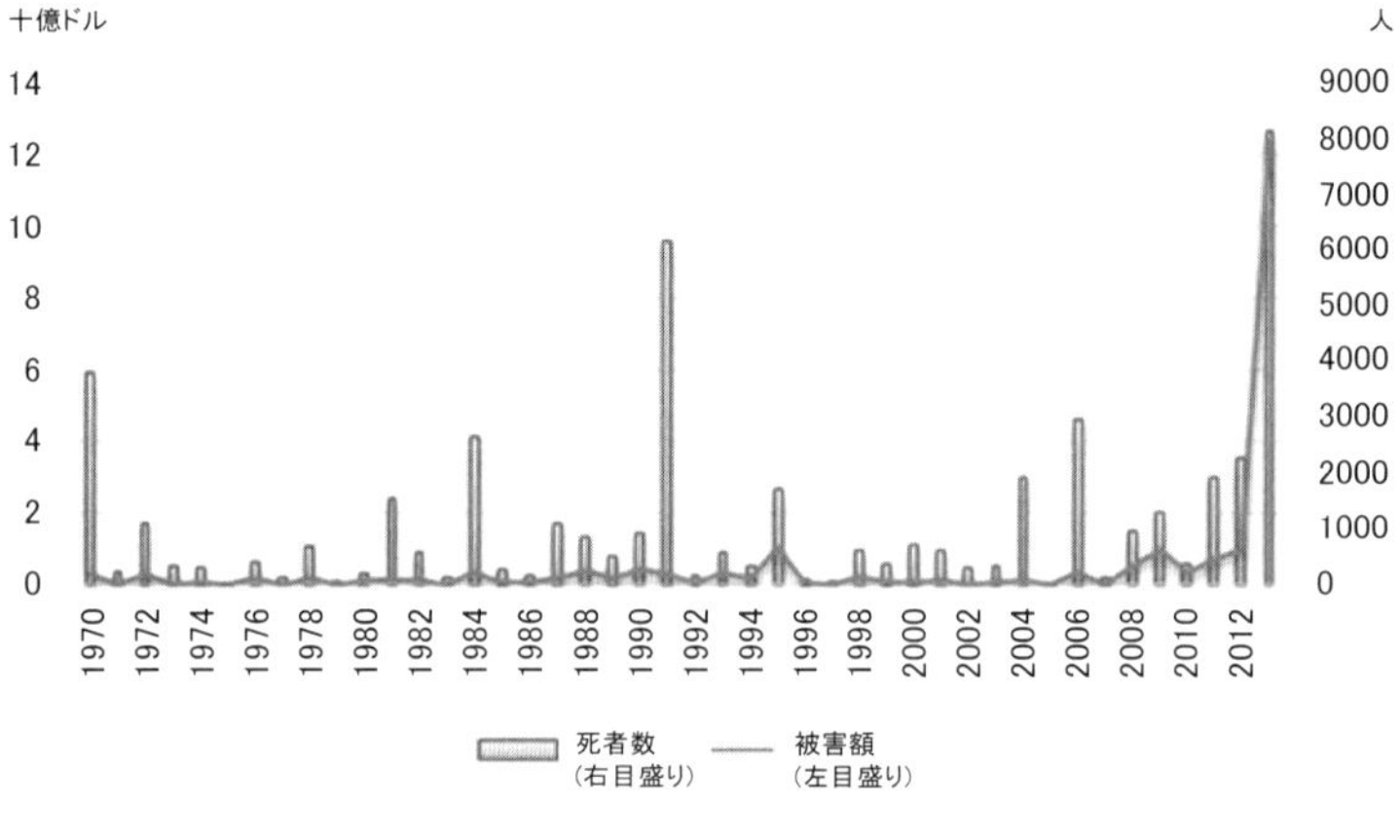

図7　フィリピンの水害による死者数と被害額の推移
(EM-DAT The OFDACRED International Disaster Database から作成)

機器の価格は稲とは比べ物にならないほど高かった。

先進国といえども例外ではない。例えば、東北の海岸沿いはもともと貧しい漁村であったのが、高度経済成長期に開発が進み、町ができ人が住み、水産工場が造られ、これが今回の震災で大きな被害を出した根源的な要因となっている。三陸沿岸はたびたび津波に襲われてきた。一八九六年にも、明治三陸大津波により東日本大震災と同じく、二万人を超える死者が出ている。この時、被災者は約五万人であった。今回の災害では、津波の浸水地域に住む人口は五〇万人を超えていた。近代化の一二〇年ほどの間に、津波の危険地域に住む人口が数倍にもなっていた。

広島では危険地帯に住宅建設が進んだ。二〇一四年八月に、広島で土砂災害により七〇人以上が亡くなった。避難勧告が出されなかったことに注目が集まったが、そもそも住宅の立地に問題があった。土砂災害に襲われた住宅は、高度経済成長期に山すそを切り開いて建設され、土石流やがけ崩れの危険地域に位置していたのである。もし、こうした危険地帯に家を建てることが禁止されていたら、このような被害は出なかった。

災害対策と開発のパラドックス　アメリカのニューオーリンズを襲った二〇〇五年のハリケーン・カトリーナ災害も同様に、開発や都市化が大被害につながった。アメリカ史上、最大の被害額となったこの災害の原因として、皮肉なパラドックスが指摘されている。危険だった地域で災害対策を取り、都市開発を進めることで、災害被害のポテンシャルを高めてしまったのである。連邦政府や市政府は、メキシコ湾沿いの沼地や湿地でたびたび洪水に襲われていた地域を、堤防を建設し数万人が住む都市へと四〇年にわたり開発してきた。ここをハリケーンは襲ったのである。堤防は造られていたのだが、高潮を防ぐことはできなかった。設計での想定より大きな洪水やハリケーンに襲われたためである。そして、堤防は維持管理が十分でなかったために巨大ハリケーンに耐えられず、倒壊してしまった。

途上国、先進国を問わず、被害のポテンシャルは高まっている。今や世界中の大都市には、上空までビルが立ち並び、地下には商店街や地下鉄、電気・ガスなどのインフラが張り巡らされ、高度に資産が集積している。そして、活発な経済活動が行われている。ひとたび洪水などの災害が起きれば、建物や地下が浸水し、被害額は膨大となる。東京は情報技術を駆使して高度に発達し集積している大都市である。江戸川や荒川の堤防が切れるような大洪水が発生すれば、地下街での混乱、金融機関の機能麻痺など、これまで見たこともないような被害が発生しないとも限らない。その影響は日本一国にとどまらず、アジアや世界にも及ぶに違いない。

参考文献

・Hallegatte, S. et al., Flood risks, climate change impacts and adaptation benefits in Mumbai: an initial assessment of socio-economic consequences of present and climate change induced flood risks and of possible adaptation options, OECD Environment working papers (27) OECD publishing, 2010.
・Munich RE, Münchener Rückversicherungs-Gesellschaft, Geo Risks Research, NatCatSERVICE, 2013.
・Swiss Re, Mind the risk: A global ranking of cities under threat from natural disasters, Swiss Re, 2013.
・大井英臣、佐藤由美、ゴヴィンダ・コイララ『被災地の人々』ネパール治水砂防技術交流会：東京（一九九八）
・内閣府、平成一〇・二五・二七年度版防災白書
・ベン・ワイズナー他著、岡田憲夫、渡辺正幸、石渡幹夫、諏訪義雄訳『防災学原論』、築地書館（二〇一〇）

第3章　災害を減らした二つの国

日本とバングラデシュが災害を大きく減らした。世界には災害による死者数を二桁、つまりゼロを二つ、減らした国が二つある。日本とバングラデシュである。アジアで豊かな国のひとつで、世界で第三位の経済大国である先進国日本と、貧しい国のバングラデシュとは、珍しい組み合わせといえよう。

二つの国が採った災害対策は極めて対照的である。そこから他の国が採るべき災害対策の糸口を探ることができる。バングラデシュは地域社会(コミュニティ)の力で警戒、警報、避難などの非構造物(ソフト)対策を採って死者数を減らした。日本は集中的に予算を投資して、ダムや堤防などを建設して、構造物(ハード)対策で洪水を川の中に閉じ込めて、町や人を守る手法を採った。

◇コミュニティの力で災害を減らす——バングラデシュ

サイクロンによる死者数を二桁減らした。　この国では、一九七〇年にサイクロンにより高潮が発生し約三〇万人が亡くなるという大災害が発生した。一九九一年にも死者数一四万人という甚大な被害を出している。その後災害対策が進められ、二〇〇七年には四二〇〇人、つまり二桁、ゼロを二つ減らしている。ひと時に四〇〇〇人を超える人々が亡くなる、というのはそれだけでもちろん大きな数字で、悲惨な災害であるのは間違いない。ただ、数十万人が亡くなる恐れもあった中での四〇〇〇人であり、大きく改善されたと言える。

平らな国　国土は低く平らで、半分は海抜七メートル以下である。このため災害に弱い。世界の屋根チベットを源にするガンジス、ブラマプトラ、メグナの三大河川が、ヒマラヤ山脈を削りきざんで運んできた土砂が堆積して作られた大きな三角州の上に、この国はできている。ベンガル湾で発生し、たびたび襲ってくるサイクロンの危険地域を国土の二六％が占める。また、二五～三〇％の国土が毎年のように雨季になると洪水に浸かり、約七割は大洪水の危険地域に位置する。

最貧国のひとつ　こうした厳しい自然環境の影響もあり、最貧国に位置づけられている。最近は経済の調子が良く、毎年一％程度ずつ改善はされているものの、いまだ人口の約三割が貧困

写真21　ダッカの町なみ（写真提供：鈴木革/JICA）

層に分類される。貧困が意味するところは、仕事がない、収入が少ない、食べ物や日常物資、家が買えない、ということだけではない。学校や病院といった社会サービスにも事欠いている。子どもが学校に行けず、病気になった年寄りが医者にかかるのも難しかったりする。第2章で説明したとおり、災害と貧困は密接に結び付いている。

人口密度が高い　日本の四割弱の国土約一四万四〇〇〇平方キロメートルに、日本より多い約一億五五〇〇万人が住む。人口密度は約一〇〇〇人／平方キロメートルを超え、日本の三三〇人の約三倍である。日本は人が多くて何でも混んでいる、土地がなくてウサギ小屋のような小さな家に住む、と揶揄されるが、さらに条件が厳しい。実際、バングラデシュでは、首都のダッカを歩けば歩道やショッピングセンターには人が溢れかえり、道は人力三輪自転車タクシーのリキシャやら三輪タクシーやらで大混雑しているのが見られる（**写真21**）。

人口圧力のかかる国　混雑した大都会ダッカを出て地方を旅しても、ただひたすら平らな土地に水田が広がり、家があり、町があり、という同じ風景が続くことになる。最初は物珍しかった田園風景もすぐに飽きてしまう。そこでは、どこでも人が住み生活を営んでいるのを目にすることになる。「どこでも」は決して誇張ではない。前の洪水でできた川の中州に稲を植えていたり、川のぎりぎりまで作物を植えたりしている。こうした農地はちょっとした洪水で浸水し、削られて浸食される、という危険にさらされている。人口は年率一・三七％で増えており、人口密度の高い国土に、さらに人口増加の圧力がかかる厳しい状況にある。

バングラデシュの災害格差　バングラデシュでは、女性が男性より多く亡くなるという格差がある。警報などの災害情報はお父さんがまずは入手し、お母さんには伝わりにくい、女性の方が体力的に弱く、浸水から逃げにくかった、などが理由として指摘されている。

被災した後の復興でも女性の苦労は多い。まず、生計を立て直すのが難しいという。女性は食品加工やニワトリなどの家畜を生計の手段としているが、容易に洪水で損害を受けてしまう。家族の世話や家庭の仕事は、被災したといっても万国共通で女性が担い手である。水道が整備されていなければ、井戸や川から水を汲まなければならない。こうした水源は洪水で汚染され、安全できれいな水を探す負担が大きくなる。洪水の後は衛生状態が悪くなり、病気になりやすくなるが、普段から栄養状態の悪い女性の方がその影響を受けやすい。**構造的な格差に根差している。**そもそも、平常時から男女間には社会的な地位に格差があり、これが影響している。ダウリと呼ばれる花嫁が花婿に送る持参金の慣習があり、これをめぐって暴力、殺人などのトラブルが生じるとまで言われている。幼児婚と呼ばれる法律に反した早婚も問題視されている。小中学校の就学率は政府や援助国の努力により男女差がなくなってきたが、高校や大学などの進学率は依然、その差は大きい。普段の摂取カロリーも、男性の方が多い。

お金をかけない災害対策　さて、ではどのような努力が行われてきたのであろうか。逃げる、を柱に地域社会の中で助け合う対策(サイクロン防災プログラム、Cyclone Preparedness Programme：ＣＰＰ)が基本になる。堤防などのハード対策に割ける予算は限られている。お金をかけずに被害を減らすには合理的、効果的な対策である。

逃げる場所を造る。平らな国であるから、逃げる場所がない。このため避難できる高い場所を造らねばならない。高床式の建物は普段は学校に使われ、いざサイクロンが来ると避難所になる(**写真22**)。

避難場所を造ってきた。一四万人が亡くなった一九九一年には三〇〇のサイクロンシェルターしかなく、数百万人という危険にさらされた人々を収容するには全く不十分であった。約四割の子どもはシェルターにたどり着けずに亡くなった。約三分の一の住民しか事前にシェルターに避難することができなかった。それでも、約三五万人が逃げたと報告されている。その後整備が進み、二〇〇七年の災害時にはシェルターが約二〇〇〇カ所に設置されて、人々の命を救った。五〇〇人用シェルターに約二〇〇〇人が避難し、立ったまま一夜を過ごすという例もあった。

家畜用の避難場所も造られた。二〇〇カ所のキラと呼ばれる家畜用の避難場所となる高台も整備されていた。バングラデシュでは、牛やヤギ、ニワトリなどの家畜は貧困層にとって貴重な財産である。避難の最中に家財や家畜の盗難に遭った経験のある住民が避難しなかったケースも見られた。家畜を置いては避難しにくい。家畜用の避難場所があれば安心して避難できる。

地域社会で避難を支援する。日本で言えば赤十字に当たる赤新月社が中心となってボランティアが組織化され、

写真22　サイクロンシェルター（写真提供：佐々原秀史氏）

普段から訓練や簡単な機器を配置して災害に備えている。ボランティアは全国に約四万人が活動している。サイクロンが接近すると住民に避難を呼びかけ、逃げるのを手伝う。警報を出すには、モスクにあるサイレンや無線を使って、また、旗を揚げたり、時には戸別に警戒と避難を呼びかける。途上国でも、爆発的に普及が進んだ携帯電話を使った警報も使われ始めている。

二〇〇七年の災害では、約三〇〇万人が安全に避難した。

日本の技術も活躍している。日本の援助により、サイクロンを追跡するレーダーが設置されている。レーダーや衛星により収集された情報が、住民にサイクロンの接近を知らせるべく、三日前より中央政府から市町村役場、さらに住民にまで伝達される。レーダーや気象観測、河川の観測などの機器は特殊で維持管理に手間と費用がかかり、運営するのには苦労がある。操作員を訓練したり、交換部品を調達しなければならない。バングラデシュのレーダーは優良事例と言える。

ただし、逃げるだけでは、家屋や農地、インフラ施設などの被害は防げない。二〇〇七年の災害では、被災者は約九〇〇〇万人、被災家屋は約一五〇〇万棟、生活基盤・インフラ被害額は総額で一二〇〇億米ドル(一・二兆円)に上る。約一〇〇万ヘクタールの農地、約一八〇万頭の家畜、道路(約八〇〇〇キロメートル)、橋梁(約一七〇〇橋)や学校や教育施設(約一万七〇〇〇施設)などの被害を受けている。

◇予防投資で防ぐ日本

日本では戦後は巨大災害が頻発した。一九四五年から五九年までの間、毎年のように洪水や台風により千人以上の死者を出していた。枕崎台風や、カスリーン台風、洞爺丸台風など台風が立て続けに襲い、一九五九年の伊勢湾台風では五〇〇〇人以上の死者が出た。戦争により国土保全のための予算が配分されず、国土が荒廃し、治山治水事業の整備が遅れたため、と言われている。明治以降、近代土木技術を欧米諸国から導入し、連続高堤防方式という治水事業が進められていた。これは山から海に至るまで連続する堤防を建設し、洪水を川に集め、少しでも早く海に流そう、という思想である。それまでは洪水は平野に溢れていたのだが、整備が進み河川に集中し流れる量が増加した、という指摘もされている。

日本も死者数を二桁減らした。戦後の千人以上の死者数は、今では一〇〇名以下となっている。その理由は、ハード対策への投資を進めてきたことによる。堤防やダムを造り、いわば力ずくで洪水を抑え込んだ。戦後、大型の建設機械が導入され、大規模な施設が建設されていった。東京や大阪を流れる重要な河川では二〇〇年に一度の洪水に備えるべく、その他の河川では一〇〇年に一度の洪水から守ることを目標に、といった具合に治水計画が立てられ、整備が進められている。予算と災害の犠牲者の推移を見ると一目瞭然である。一九五〇年代から六〇年代にかけて、国家予算の五～一〇%を治水事業につぎ込んだ。これにより、死者数は激減した(図8)。

予算を確保する仕組みも作られた。 一九六〇年に法律が作られ、「治水一〇カ年計画」として一〇年間にわたる予算が決められた。日本の制度では一年ごとに省庁が使う予算額を決めているが、毎年予算が変動しては計画的な治水事業が行えない。堤防やダムの建設には巨額の予算が必要で、長い期間かかるため、長期的な予算計画を策定したのである。さらに、治水事業に関わる経理を管理するために治水特別会計が設置された。国の一般会計のほかに、都道府県の負担金、電力会社からの負担金、財政投融資からの借入金を原資にしている。関係する

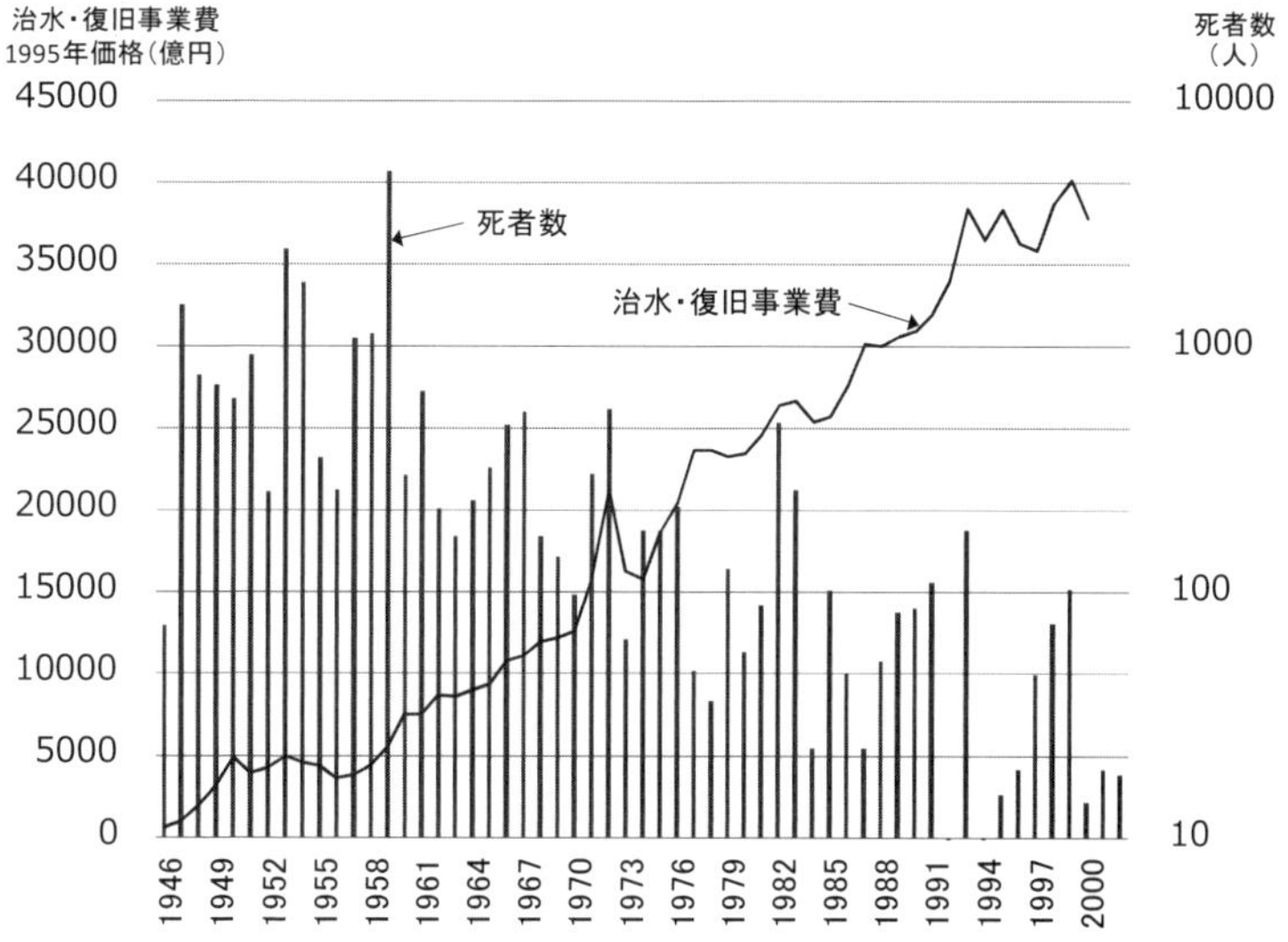

図8　治水国家予算と死者数（河川便覧より作成）

法律として、多目的ダムに関する法律もできた。治水や水力発電、都市用水の供給など複数の事業を併せて行い、費用も国、県、地方自治体、電力会社がそれぞれ負担して、効率的に複数の目的に役立つダムを造ろうとするものである。

成熟社会と成長社会では求められる仕組みが違う。経済が右肩上がりで成長し、災害が多発し防災施設を迅速に整備することが求められていた時期には、長期計画や特別会計は有効な手法であった。一定の整備が済み、国の財政が厳しくなる中、長期計画や特別会計は、二〇〇〇年代に入ると改革されていくことになる。

◇ソフトとハードのバランス――バングラデシュと日本どちらが正解？

どちらも正解　さて、ソフトとハードと対照的な対策を取って災害を減らした二カ国である。他の国はどちらの道を選ぶべきなのだろうか。どちらかが正解というわけではなく、どちらも正解である。置かれている条件、災害の形態や規模、経済状態、地形などの条件で、ソフトとハードのバランスの取り方が決まってくる。ソフト対策の成功事例として紹介したバングラデシュでも、限られた予算ながら堤防の建設や、海沿いの防災林の整備を進めている。首都のダッカでは、洪水を吐くポンプ場も据え付けられた。こうしたハード対策の効果も出始めている。

程度の違いこそあれ、ソフト・ハードどちらも重要である。

社会の発展と共にソフトとハード対策のバランスが変わる。 社会経済の変化により、どのようにソフトとハード対策をバランスを取って進めていくべきかを説明したい。**図9**は、縦軸に災害の規模と被害の大きさを、横軸に災害の発生する頻度を示す。(a)は、何も対策を取らない状態である。規模の大きい災害ほど頻度は低くまれにしか発生しないが、発生すると被害は大きくなる。(b)では、ソフト対策により、人命を救うなど一定の被害の軽減を図ることができる。バングラデシュの避難を中心とするサイクロン対策、近代以前の日本の地域社会による水防活動がこれに当たる。次に、(c)に示すように、日本では近代土木技術を導入することで堤防や放水路、ダムが建設され、頻繁に起こる洪水であれば、被害が出なくなった。(d)は現在の対策で、主要な河川では数十年に一度の規模の洪水や津波であれば、ハード対策により被害は発生しない。つまり、危険地域に住んでいても、一生、洪水の浸水被害に遭わないかもしれない。

ハード対策が進んでも、巨大災害にはソフト対策も重要である。 東日本大震災が想定外と言われ、まれにしか起こらないが起こると大きな被害が出かねない、巨大災害への関心が集まっている。いくら防御施設を建設しても、洪水や津波による浸水、土砂災害を完全に防ぐことはできない。巨大災害では、まちづくりや警戒・避難など、ソフト対策によって命を守らねばならない(e)。

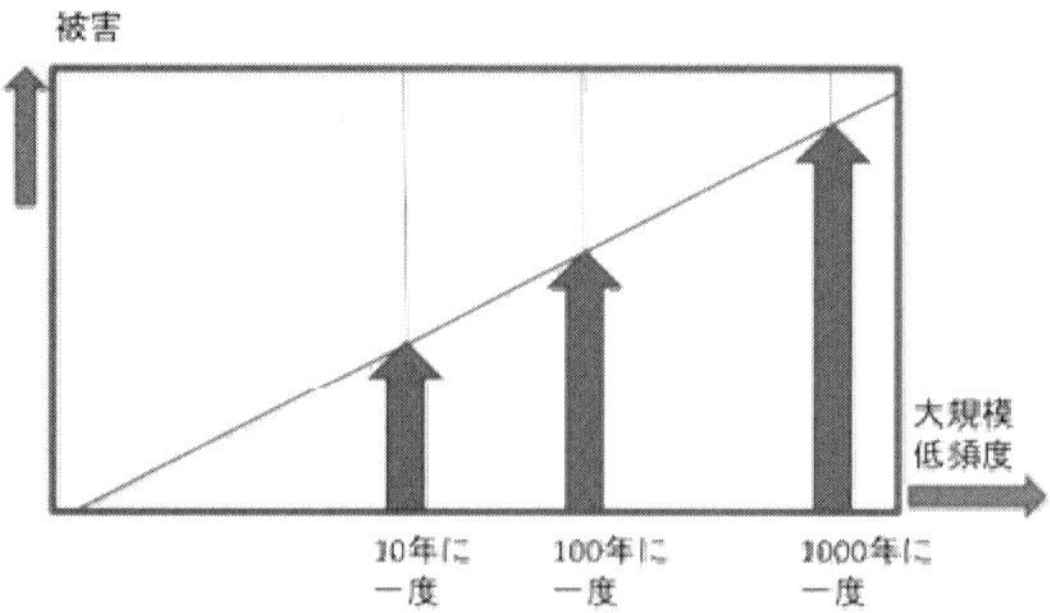

(a)　無対策：大きな災害ほど頻度は低い。

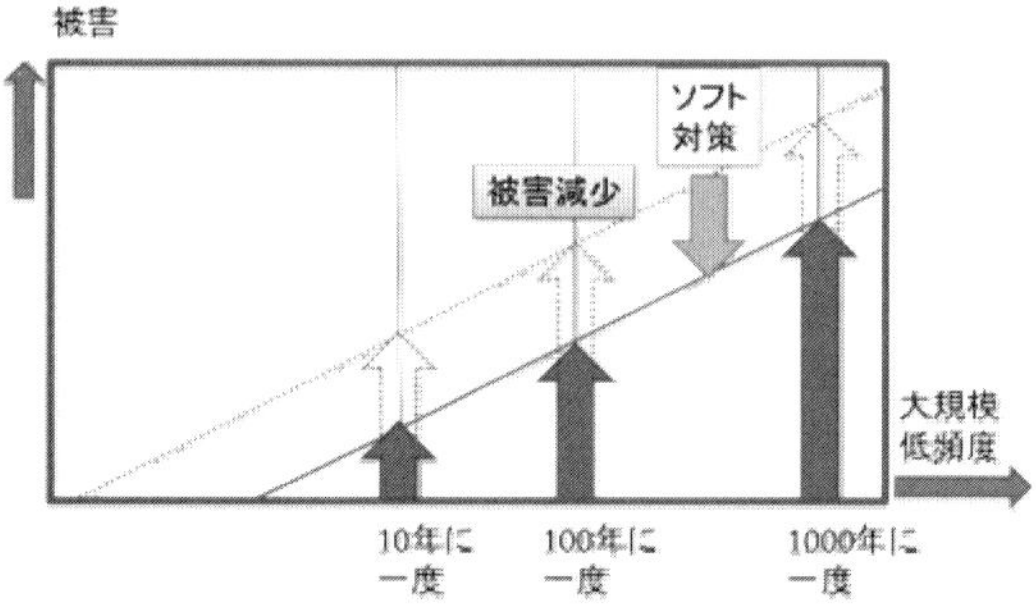

(b)　近代以前の日本の洪水対策、現在のバングラデシュのサイクロン対策
：避難などのソフト対策を中心として被害を減らす。

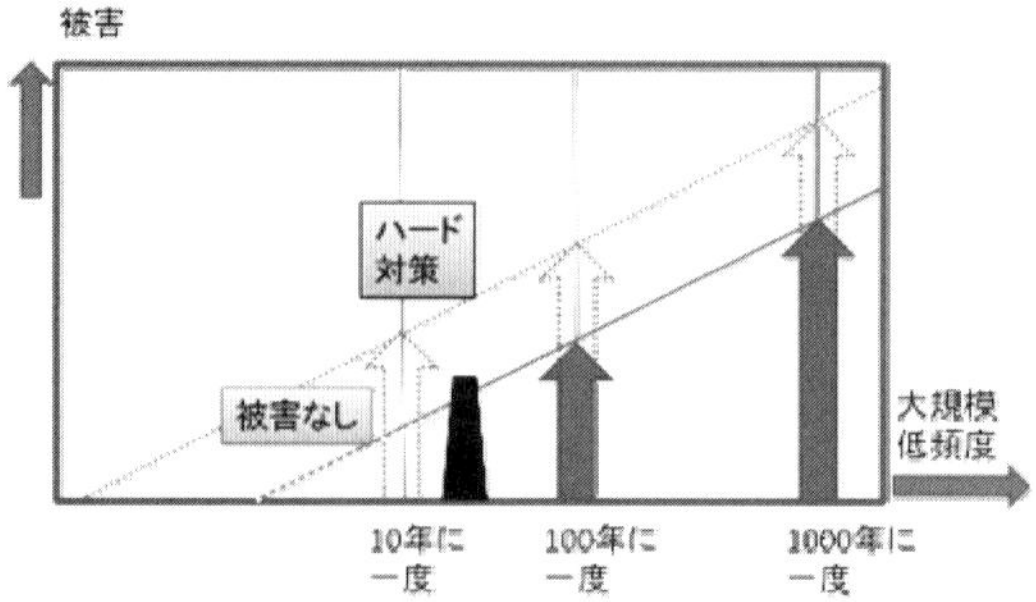

(c)　近代の日本の洪水対策：ハード対策(堤防建設)を
始めることで頻繁に発生する災害を防ぐ。

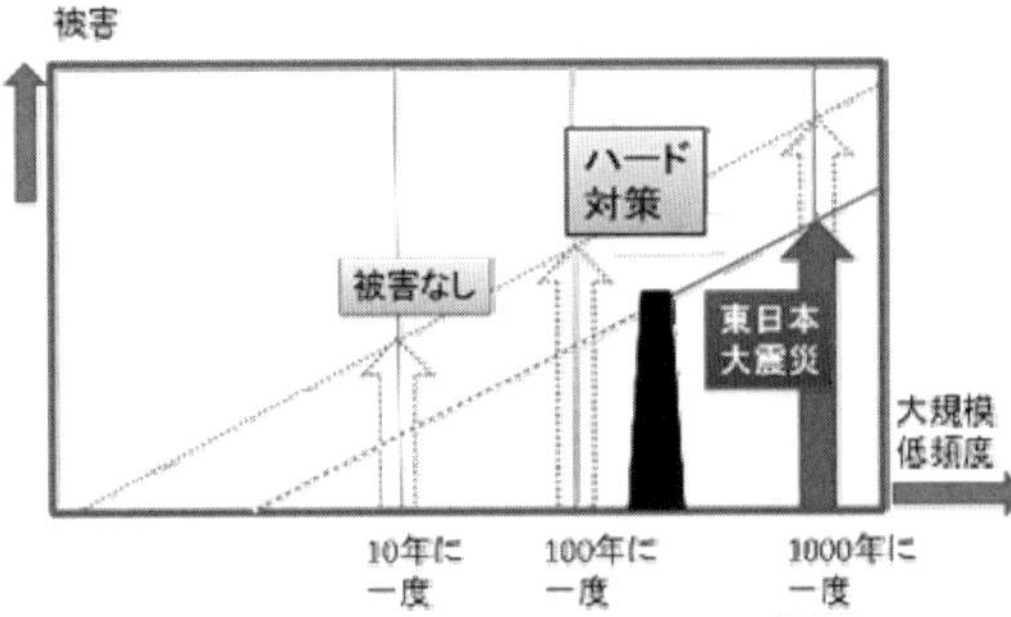

(d)　現在の日本の洪水対策、津波対策：ハード対策により数十年に一度発生する災害は防ぐことができる。東日本大震災では堤防の設計レベル以上の津波が襲い大被害を出した。

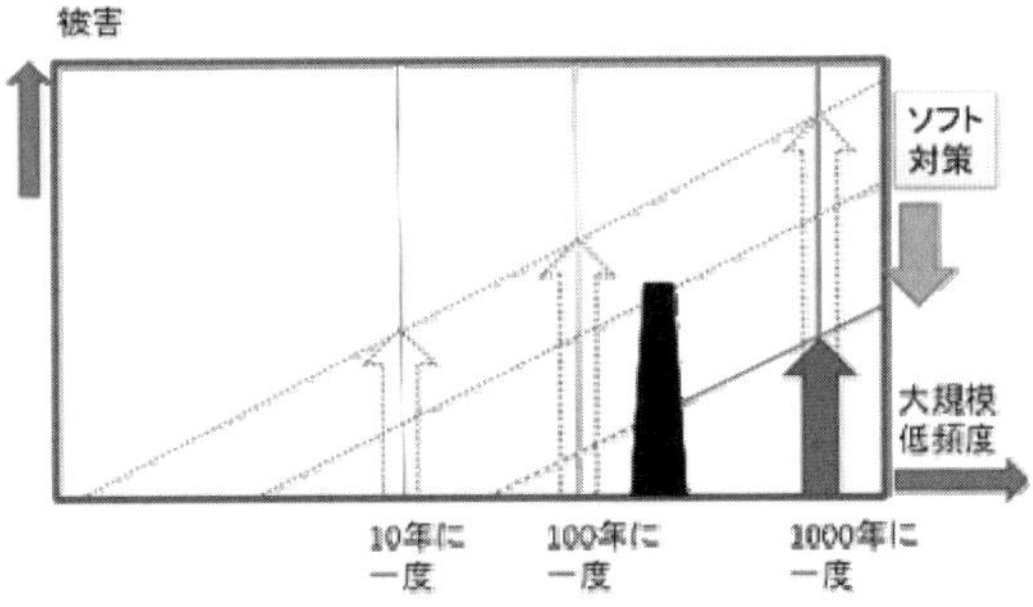

(e)　今後とるべき対策：頻繁に起こる災害は構造物で防ぐが、まれにしか起きない巨大災害にはソフト対策の強化も併せて被害を減らす。

図 9　ソフトとハードのバランス

（出典：ランギエリ・石渡(2014)）

◇日本でのソフトとハードのバランスの変化

日本を事例に、ソフトとハードのバランスがどのように変わってきたのかを説明したい。

地域社会(コミュニティ)は歴史上ずっと洪水と闘ってきた。洪水に悩む地域社会は、自分たちの家屋、田畑、集落を自ら守っていた。田畑に水を引くかんがいとともに、農業用水の排水など、洪水被害を減らすために水を管理することは地域社会の成り立ちに不可欠であった。集落を囲んで洪水から守る輪中と呼ばれる堤防を造る。洪水で堤防が切れそうになれば、大雨の中、木材を川に投げこみ堤防を補強するなど、命がけで作業した。集落ごとにいわば防災の競争が行われていた。他の集落の堤防が切れると、洪水はその集落を襲い、自分たちの集落は助かる。対岸の堤防が切れると、自分の集落が救われる喜びから万歳を叫び、酒盛りをしたともいう。

濃尾平野では、地域社会が洪水と闘い続けてきた。木曾三川が入り乱れて流れていたこの地では、洪水被害に常に襲われてきた。住民は輪中で集落を囲み、自分の家や田畑だけは守ろうとした。江戸時代に徳川家の領地を守るため、名古屋城のある尾張(東)側のみに連続した堤防が建設された。これは御囲提《おかこいづつみ》と言われ、犬山から約五〇キロメートルの堤防であった。当時の治水技術では、流域全体を守ることはできなかったのである。どこかが守られればそのしわ寄せは別の地域に及ぶ。徳川領が守られるのとは逆に、西側の美濃・岐阜は頻繁に洪水に苦しめられることとなった。薩摩藩の治水工事など努力はされたものの、平野全体で本格的な対策が始まるのは明治になって近代治水技術を導入してからのこととなる。

堤防やダムは頻繁に起きる洪水は防げても、まれに起きる大規模な洪水は防げない。施設の整備が進み、普段は洪水に遭う機会もなくなっている。気象予報や警報の精度が向上し、危険地域を示すハザードマップが配布され、大雨が降る前から情報が十分に得られて、安全になったと感じることが多くなってきた。昔のように頻繁に起きていれば洪水への警戒心を持てるが、起きないことが当たり前になってしまうと、洪水への備えは自然と忘れられてしまう。しかしながら、河川工事は守るべき洪水のレベルが設定されている。東京や大阪など重要な都市であれば二〇〇年に一度の洪水、そのほかの地域では一〇〇年に一度の洪水、といった具合である。これを超える洪水が起きれば完全に守ることはできない。その時は、つまり東京や大阪でも二〇〇年に一度は、中心市街地が浸水する。それは銀座や梅田かもしれない。実際はまだ事業は完成していないので、もっと短いサイクルで浸水することになる。

構造物対策とは自然との力比べである。構造物の整備が進んで災害の頻度は減っても、なくなったわけではない。相撲でいえば、勢いで出てきた新人力士のようなものである。幕下で戦っていて調子良く連戦連勝、無敵かと思っていても、番付が上がって、それまで対戦していなかった横綱が相手になるともういけない。その上、負け方を忘れているので、ひどい負け方、しかも大怪我をしたりすることになる。

まだまだソフト対策は重要である。水害により、今でも毎年数十名の方々が亡くなっている。原因は川から水が溢れる洪水よりも、がけ崩れや土石流など山すそでの土砂災害によることが多い。このような危険箇所は日本中に数十万カ所ある。砂防ダムなどの建設は追いつかず、劇的に死者数を減らすことは難しい。さらに死者数を減らすために、危険な場所には住まないといった規制や、危険を警戒しつつ災害を予測し避難する、というようなソフト対策が強化されている。

東日本大震災では防災技術に限界があることが明らかになった。東日本大震災では、堤防があっても大きな被害が発生した。三〇〇キロメートルの堤防が建設されていたが、高さは一〇～一五メートル程度であった。津波は最大四〇メートルに達し、多くの箇所で堤防の上を津波が乗り越え、堤防の約一九〇キロメートルが倒壊した。壊れながらも津波のエネルギーを削ぎ、避難のための貴重な時間を稼いだものの、構造物を過信する恐ろしさが明らかになった。堤防があるから、と油断してしまったケースがあったとされている。

復興はソフトとハードを併せて対策が進む。東北地方でもし堤防で守ろうとすれば、三〇～四〇メートルの高さの堤防を作らねばならない。一〇階建てのビルぐらいの高さになり、経済的にも環境、社会的にもとても受け入れらない。東日本大震災からの復興では、このようなメガダイク(大堤防)を作る案は早々に捨てられた。いろいろと議論を呼んでいる堤防建設だが、同じ規模の津波が来れば再び浸水することになる。危ないところには住まない、高台に家を移転する、避難所や避難計画を作る、といったソフト対策も加えて、浸水を前提としたまちづくり、復興が進められている。

参考文献

・高橋裕『国土の変貌と水害』岩波新書(一九七一)
・ランギェリ・フェデリカ・石渡幹夫『大規模災害から学ぶ：東日本大震災からの教訓』世界銀行(二〇一四)

第4章　気候変動

気候変動により豪雨が増え洪水被害が増えると予測されている。防災対策の強化が求められる。ただそれだけの問題ではなく、変化する気候、正確には変化し続ける気候は、これまでの治水対策を根本から見直すことを迫っている。

◇気候変動で何が起きるか

日本では全国的に洪水を引き起こしかねないような豪雨が増える。気象庁の予測によれば、今世紀末には洪水や土砂災害を起こす目安となる一時間当たり五〇ミリ以上の豪雨の回数は約二・七倍、増加する。四国や九州では、今の沖縄と同じぐらいの頻度で豪雨が発生することとなる。大雨が比較的降らない北海道や東北でも、今の東海と同じぐらいの頻度で発生する。堤防などの整備が進んでいる大河川でも洪水を起こしかねない一日二〇〇ミリ以上の豪雨は全国平均で約一・六倍増加する。特に、今でも大雨が降りやすい東海から九州にかけての太平洋沿岸で増加幅が大きい。

一級河川での洪水が増える。 国土交通省では、一級河川で被害を出しかねない洪水の発生頻度が一・八～四・四倍になると予測している。一級河川は、多くの人が住むなど重要な一〇九河川が選ばれ、施設投資や管理が手厚く行われている。こうした河川であっても、今でも数年おきに数百～千戸が浸水するような被害が発生している。二〇一五年の鬼怒川や、二〇一二年の福岡県の矢部川、二〇〇四年の天竜川、二〇〇二年の京都府の円山川などである。これが毎年や二年に一度で被害が出かねない、ということになる。

気候変動と都市化の負の相乗効果 成長が進む途上国では、厄介なことに気候変動に加えて、都市化にも対応していかねばならない。日本の高度経済成長期と同様に、地方から職を求めてどんどん人が流入してくる。家や工場が建ち、町が膨らみ続けている。成長が止まった成熟国日本とは違う悩みである。

気候変動と都市化の間には、洪水被害を悪化させる負の相乗効果がある。気候が変動し降雨量が増えて洪水量が多くなる。海面が上昇すると、洪水被害にさらされる低平地、危険地域が広がる。都市化が進むと悪影響を及ぼし合い、洪水被害がどんどん増えていってしまう（**図10**）。

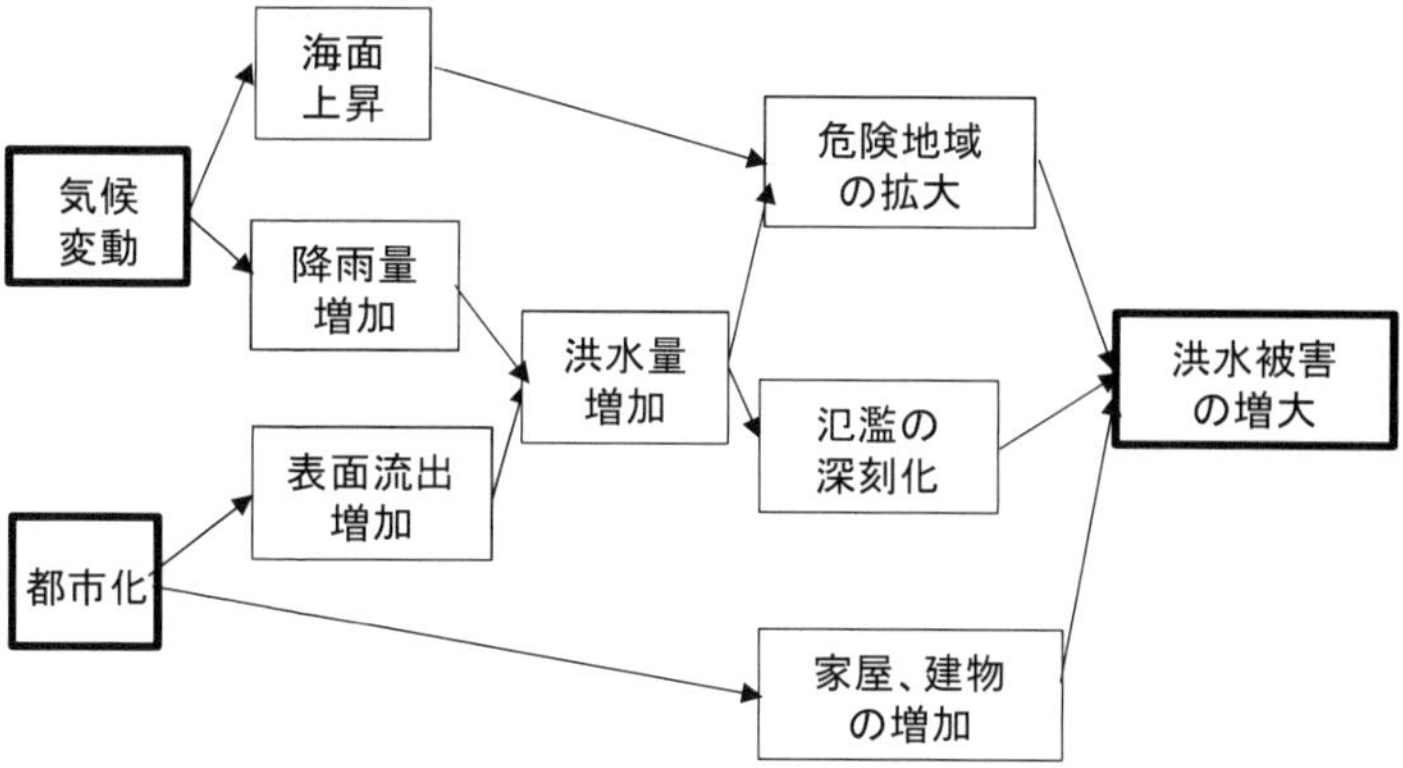

図 10　気候変動と都市化の負の相乗効果

都市化による洪水悪化は日本がすでに経験してきた。

高度経済成長期に東京、大阪、名古屋の大都市圏では洪水被害が急激に増加した。私鉄が建設され東京のベッドタウンとして発展した町田、川崎、横浜にかけては鶴見川の流域になるが、一九八〇年代半ばまで繰り返し洪水被害に悩まされてきた。洪水のピーク流量は二倍になったという。地方から大規模に人口が流入し、丘陵地帯では丘や林が切り開かれニュータウンの建設や住宅開発が進んだ。スタジオジブリ映画の「平成狸合戦ぽんぽこ」に描かれているとおりである。流域に占める都市の割合は、一九五〇年代の一〇%から二〇〇〇年には八五%となった。それまで土だった表面が、家が建ち道路や駐車場ができコンクリートやアスファルトで覆われると、雨が地中に浸み込まずに、地表を走って川に集中して流れ込む。川の容量を超えて水が入ってくるので、溢れ出す洪水の流量が増えてしまう。さらに、水田や畑をつぶして住宅が建っているので、浸水被害が広がってしまった。

さて、では都市化と気候変動はどちらが影響が大きいのだろうか。図11は、フィリピンのマニラ首都圏に隣接するカビテ州での影響である。今でも毎年のように洪水被害に遭っており、二〇〇〇年から二〇一〇年の間に一〇万人以上が被災する洪水が四回発生している。マニラ湾沿いの低地で、九〇年代からベッドタウンとして、また工業団地として開発が進み、毎年五%人口が増加している。東京と比較していえば、ベッドタウンとして住宅が、湾岸沿いに工場が建てられた高度経済成長期の川崎や横浜に似ている。

将来は洪水被害が大きくなると予測されている。気候変動の影響で降雨量が増加し、洪水被害が増加す

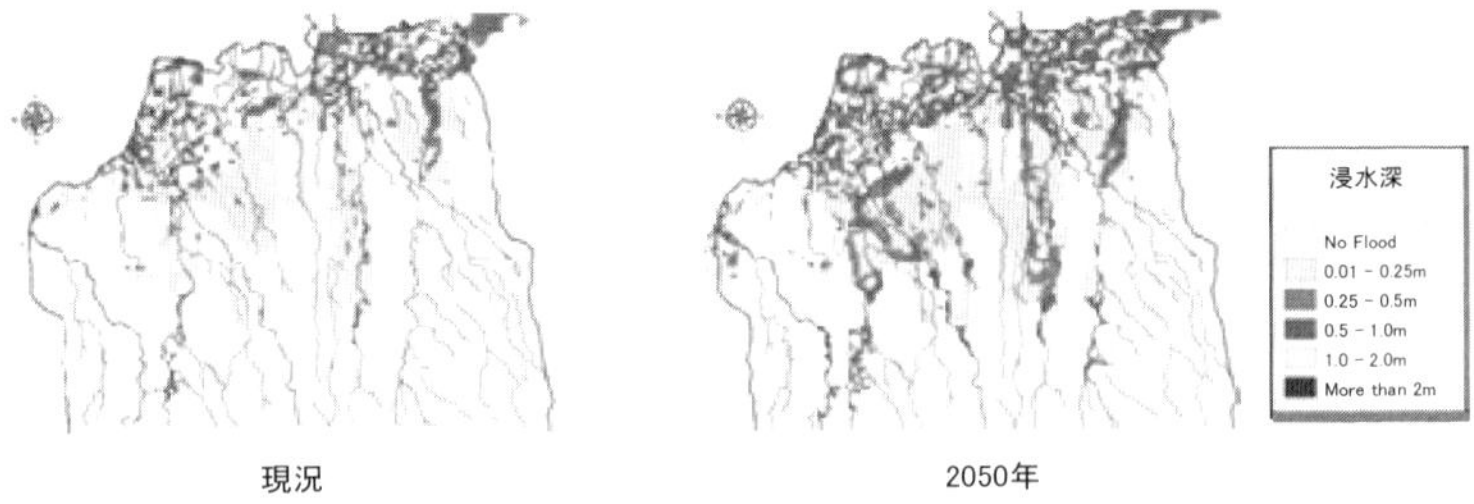

		都市化	危険地域の家屋数
現況		26%	21,800
将来（2050年）	気候変動なし	65%	63,600
	最悪シナリオ		74,200

図11　マニラ首都圏での将来予測（出典：JICA(2009)）

る。都市化も進むので、二〇五〇年には洪水の危険区域の家屋数は三・四倍以上になると予測されている。一〇年に一度降る豪雨が、現在は二九五ミリだが、二〇五〇年には一割程度増えて三三〇〜三五〇ミリになると予測されている。これは現在でいえば二〇〜五〇年に一度降る量である。つまり、人生のうち一〜三回程度しか遭わないまれな豪雨が、将来は一〇年に一度は降る、という予測である。

都市化の影響の方が大きい。増加する危険地域の家屋数のうち八割は都市化による影響で、二割が気候変動による影響である。とは言いながら、相まって被害が大きくなってしまうことに変わりない。途上国では、都市化と気候変動の問題に同時に取り組んでいかなければならない。日本はまず、都市化にだけ対応すればよかったのだから、まだ対処しやすかったと言える。

◇これまでの治水哲学は死んだ——教科書が役立たない

治水計画論の根底を揺るがす。困ったことに、気候変動は災害対策の計画論の基本となる概念の見直しを迫っている。気候が変動すると、これまでの計画論に不都合が出てくる。堤防やダム建設の投資を今までの計画論で行っていると、気候が変化するため、計画した能力が発揮できず不十分な効果しか得られない、もしくは、必要以上に過大投資になってしまう恐れが出てくる。先の見えない不確実な将来にどう備えるか。これが、これからの水害対策の課題となる。

残念ながら、現実的な計画手法はいまだ確立されていない。

長い将来を見通して造り始めなければならない。堤防やダムなどの巨大構造物は、長年にわたり洪水から守ることが期待されるが、造り直しは簡単ではない。一度、川の幅を決めて堤防を両側に造ると、さらに川の幅を広げるにはコストがかかり、住民移転などの社会的な影響も大きい。そして計画から完成までに数十年という月日と巨額の費用が必要となる。つまり、将来をよく見通して計画して造らねばならない。気候変動の影響が大きくなるのはまだまだ先、とは言っていられないのである。今のうちから数十年先の豪雨の状況を見通して、将来も洪水から守ってくれるように造り始めなければならない。

定常性の死――これからは雨は同じようには降らない。雨の降り方には一定の法則があり、これまでの降雨のパターンは将来にわたっても変わらない、という仮定を、定常性という。ダムや堤防の計画をするときに、洪水や雨の大きさを示すのに、一〇〇年に一度の規模、といった言い方をする。これは過去の降雨量のデータを確率論に基づき分析して、この大きさの洪水は一〇〇年に一度は起きる規模である、ということである。過去一〇〇年に一度だけ降った大雨は、今後、一〇〇年に一度発生する、という想定で治水事業は進められている。治水や河川工学の教科書には必ず書かれている洪水対策の基本である。だが、気候は変化している、雨の降り方は変わるため、この想定、計画の前提は、今後は成り立たない。「定常性の死」と呼ばれる。教科書に書いてあることが役立たないのである。一〇〇年に一度しか起こらない、と思っていた大雨が数十年に一度発生し、川が決壊するかもしれない、ということである。

適切に守れない、もしくは過大投資にもなりかねない。これまでお金をかけて建設してきたダムや堤防では町や家、人々を守り切れず、想定よりも頻繁に洪水に襲われる可能性が出てくる。現在の科学レベルによる予測では、日本はどうやら豪雨が増えるらしい。だが、世界では逆もありうる。大雨の頻度や規模が小さくなる地域も出てくる。こういう所では、思ったほどの洪水が起きないのだから、堤防やダムへの投資計画が狂いかねない。

治水哲学の死――堤防だけでは限界がくる。そして、治水の哲学ともいうべき、根本的な考え方の見直しも迫られている。現在の治水の考え方は、川の中に洪水を閉じ込めて早く海に流してしまおう、というのが基本である。気候が変動し雨の量が増え、洪水が大きくなり続けると、何が起きるか。洪水を川の中に閉じ込めるため堤防を高くしなければならない。しかし気候は変化し続ける。さらに洪水が大きくなれば、さらに堤防を高くしなければならない。これを未来永劫、続けられるだろうか。

連続高堤防はオランダからもたらされた技術である。これは、明治維新によって国を開いた日本政府が、オランダから治水の技術者を招き河川事業を進めたことにより導入された。この時、我が国の治水哲学は大転換を図ることとなった。江戸時代までは特定の町、地域、例えば城下町を守ることしかできなかった。農民は輪中によって自分たちの住む集落だけを囲い、守ることを余儀なくされた。これが西洋の技術を導入することで、山から河口まで堤防を建設して洪水を海に流し、都市や農地が広がる平原を守ることが可能となったのである。これは連続高堤防方式と呼ばれている。この世界は神が作ったが、オランダはオランダ人が造った、とオランダ人は言う。堤防で低い土地を浸水から守り、国土を開発するのがオランダ流の治水技術である。オランダ名物の風車は、こうして造られた新しい土地が沈まないように、永遠に水を汲み上げるために据えられた。

途上国援助でも同じ課題に直面する。日本の治水哲学は途上国援助でも使われている。援助というのは、国内でしていることを海外に持ち込むのが基本である。国内で働いている河川技術者が海外でも働くので、使う技術や考え方は当然同じものになる。洪水を河川に閉じ込めるために、変化し続ける気候を追いかけて今後数十年にわたり堤防を高くし続けることは現実的ではない。連続高堤防方式は、今後は主要な手法となりえない。治水にかけられる予算が限られている。また、堤防は土で造られるため、壊れていないか確認する、崩れれば直す、といったまめな維持管理が必要であるが、そうした組織や人材が育っていないという課題もある。

◇新たな哲学の構築

正確な予測はまだ難しい。気候変動により、ある河川流域で降雨量が将来どのように変化するかを予測するのはまだ難しい。予測には幅がある。これを「不確実性」と呼んでいる。科学の進歩により、気候予測の精度が上がっている。気候変動に関する政府間パネル（IPCC）による報告書でも、出されるたびに、予測の確実性が上がってきている。IPCC報告書では、各国が作成した気象モデルの予測結果から、いわば多数決で結論を導いている。多くのモデルが将来、雨が増えると予測していれば、その地域は雨が増えるのだろう、といった具合である。

狭い範囲での予測はまだはっきりしたことが言いにくい。例えば、**図12**はマレーシアのムアール川での豪雨（一〇〇年に一度の発生確率）の予測である。各国の作っ

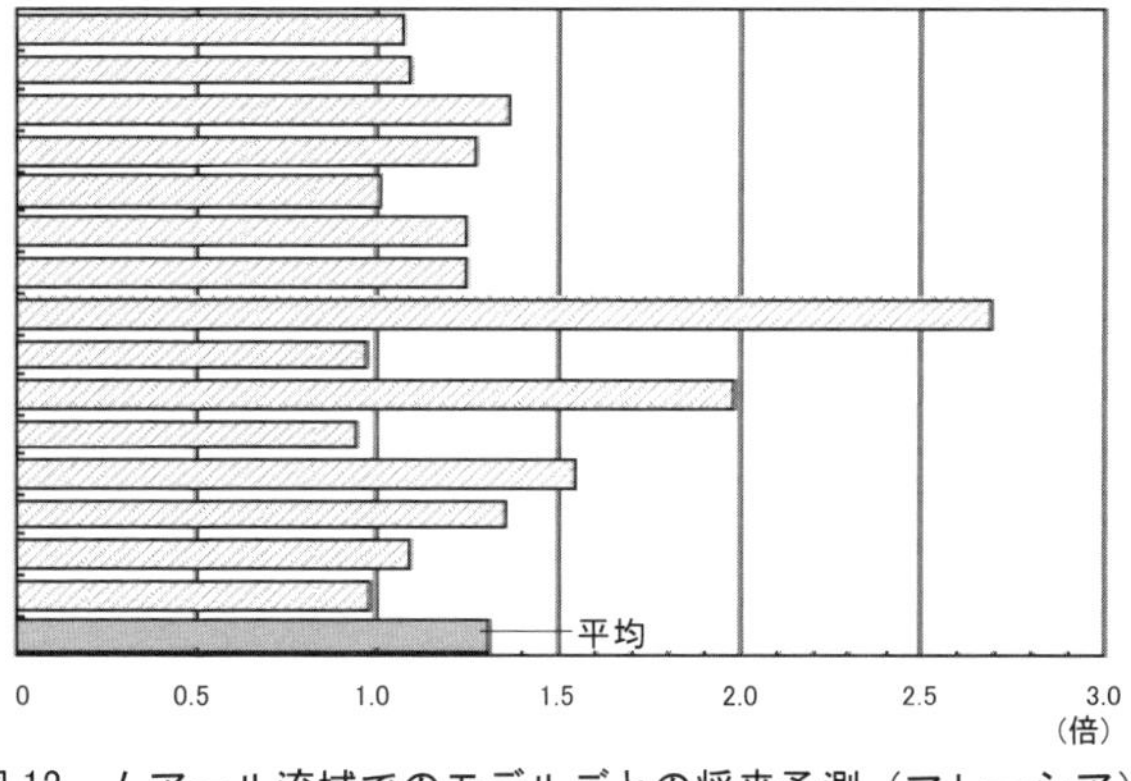

図12　ムアール流域でのモデルごとの将来予測（マレーシア）
（出典：国際協力機構(2011)）

た気象モデルで違いがある。あるモデルは二〇五〇年に二・七倍になる、と予測しているが、別のモデルでは逆に減ると予測しているものもある。ただ、総じて増える、と予測しているので、増える、と考えてよいであろう。一五のモデルを平均すると、増加分は三割程度となる。ちなみに、日本のモデルは横ばいもしくは五割程度増える、と予測している。

現在のモデルの中には、日本の梅雨をうまく再現できなかったり、インド洋の赤道付近では年に二回雨季があるのだが、それをうまく再現できなかったりなどの課題がある。今後、コンピュータや気象予測の技術が進歩すれば、狭い範囲であっても予測の精度が上がっていくと期待されている。

水と土地を賢くマネジメントする。定常性の死、治水哲学の死、二つの死を考えて今後はどう備えるべきであろうか。水と土地を併せてマネジメントすることが基本となる。洪水を堤防で完全に河川の中に閉じ込めることは難しい。

第一段階として、町や道路、発電所などの重要地域や施設は堤防で守る。第二段階として、構造物で守られない所が出てくるので、そうした危険地域には住まない。もしくは洪水になっても困らないような施設に利用する、という考え方になる。スポーツ施設や公園、駐車場などであれば、大雨で使えなくてもそれほど困らないだろう。第三段階として、溢れてしまう洪水には避難体制を整えるなど、コミュニティや社会の持つ防災力にて対応する、という構えになろう。

こうした取り組みを流域全体で行うには流域を管理する仕組み、ガバナンスを作り上げねばならない。流域内の多岐にわたる分野から関係する機関、関係者（ステークホルダー）が参画する場、例えば流域委員会を設立して、利害や意見を調整し計画を作り、対策を進め、その効果を追いかけていく。関係者のコンセンサス構築のみだけではなく、関係者の関与が重要となる。これまでは、特定の部局の技術者が計画し建設を進める構造物が中心であった。これからは、土地利用の規制、警報・避難、コミュニティ防災、防災教育といった複数セクターの様々な対策を取ることとなる。分野で言えば、水を扱う部局だけでなく、警報を出す防災の担当、開発の規制やまちづくりを担う都市、丘陵地帯や山地で森林を保全する部局、学校など、多くの組織の連携が必要となる。政府や自治体だけでなく民間企業、NGO、住民の役割も大事である。

変化に備える。気候変動に適応していくには、数十年、ひょっとするとそれ以上にわたり変化し続ける気候を相手にする、という認識がまず必要である。二〇五〇年の降雨量は〇割増えます、といった数値が出されることがあるが、気をつけなければならないのは、変化は一度限りではないことである。つまり、どんどん悪化する気候に対応し続けなければならない。こうした影響を予測しながら計画を策定し、事業を実施していくこととなる。また、予測や適応策の技術は日々進歩しており、これに伴い水を管理する制度を変えてい

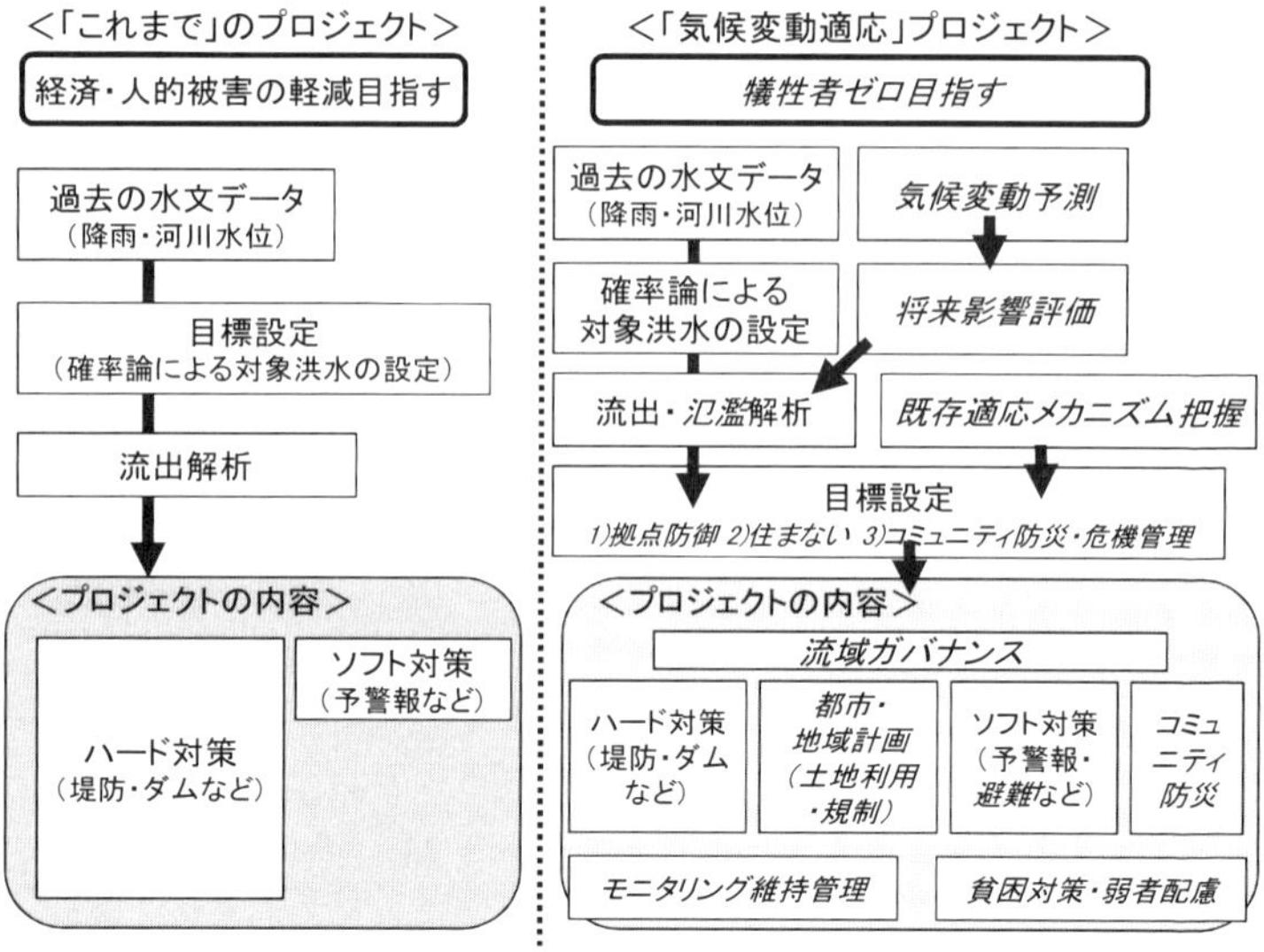

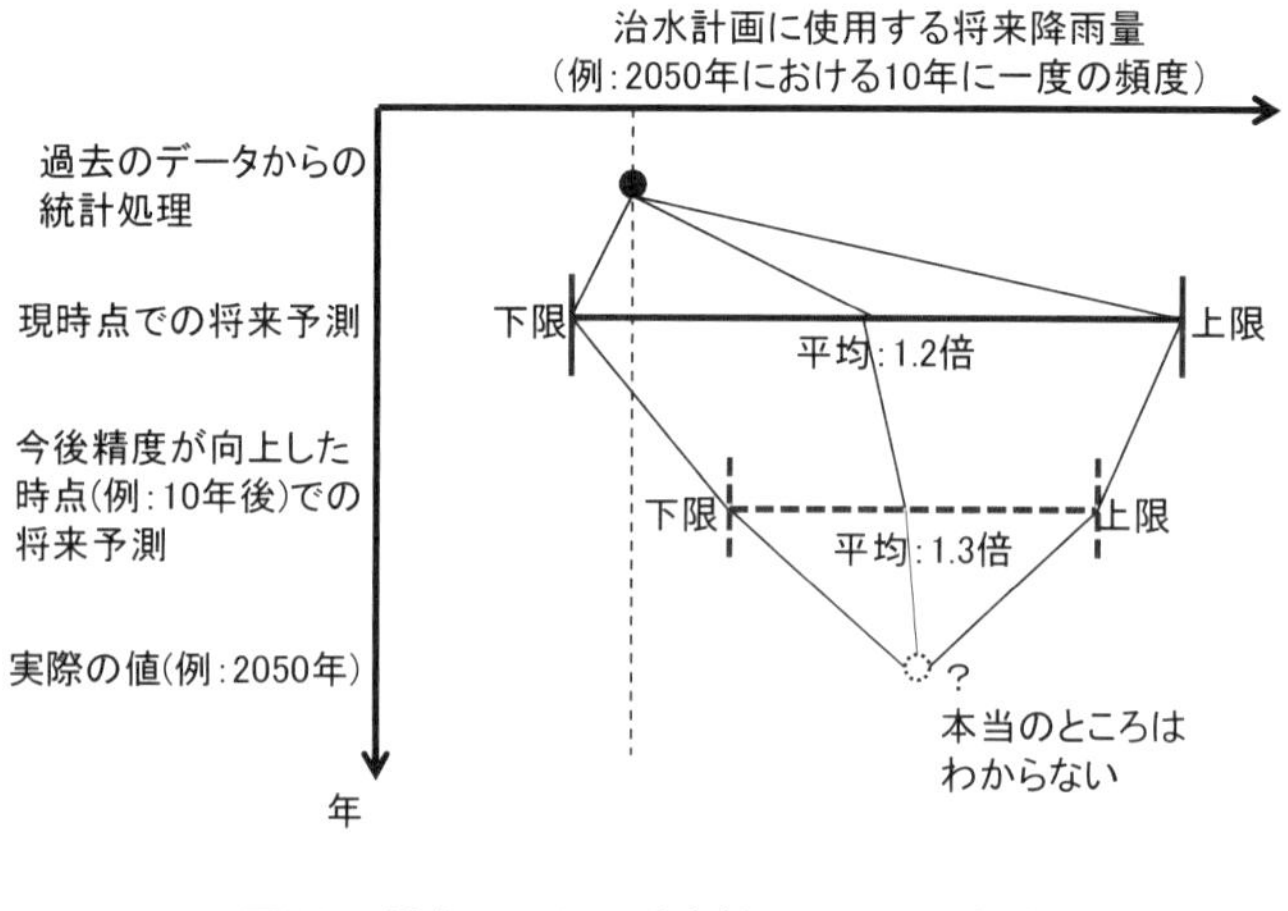

図 13　将来予測と不確実性についての概念
（出典：国際協力機構（2011））

くことが求められている。途上国援助では職員やコミュニティ、住民の能力を強化する取り組みがなされてきた。気候変動の影響ははっきりとわからないので、適応するにはその土地土地に合った技術を開発することも重要である。これまで以上に、途上国が自ら対応できる能力を向上していかねばならない(**図13**)。

参考文献

・気象庁、地球温暖化予測情報第八巻(二〇一三)
・国際協力機構、水分野における気候変動適応策ハンドブック—水と地域を統合したしなやかなマネジメント—(二〇一一)
・社会資本整備審議会、気候変動適応策のあり方について—災害リスク情報と危機感を共有し、減災に取り組む社会へ—答申(二〇一五)
・JICA, The Study on comprehensive flood mitigation for Cavite lowland area in the Republic of the Philippines, JICA, 2009.

第5章　防災援助

欠かせない先進国からの支援　途上国の防災を強化するには先進国からの支援が欠かせない。これまで述べてきたように、途上国では資金や組織、技術、職員の能力など、様々なものが足りない。先進国や国際機関、ＮＧＯが行う防災援助の役割は大きい。災害に強い社会、国を作るために、資金を提供し、ノウハウや技術を移転し、防災力の強化を支援する必要がある。

日本の防災援助は長年にわたり地道に多大な貢献を行ってきた。ただし、ハードや技術を中心とするなどの課題も見られる。途上国では技術や資金が不足している。災害対策の最前線に立つ地方自治体では、職員は少なく防災業務の経験もなく弱体である。こうした制約を考えると、防災予算を多く割けない貧しい国ではコミュニティ自ら災害に対処する防災力を強化していくことが重要である。今後の援助の在り方を考えてみたい。

◇防災への国際的な取り組み

国際社会で防災は重要な問題ではない？　国際機関も含め、国際社会では防災が必ずしも重要な課題だとは考えられてこなかった。災害に長年苦しみ、闘ってきた日本人の我々には理解しにくいことである。最近でこそ国際会議で取り上げられるようになってきてはいるが、援助額などを見ると、まだまだ重視されているとは言えない。

国際社会では災害対策と言えば緊急人道援助を意味していた。　災害が発生したときの緊急援助を中心に組織も発展してきた。国際連合は、第二次世界大戦後から難民問題に取り組んできた。災害救済調整官事務所（ＵＮＤＲＯ）という緊急人道援助を調整するための組織が作られたのは一九七一年である。その後も組織の強化が図られ、いまでは国連人道問題調整事務所（ＵＮＯＣＨＡ）となって活動している。災害が発生すれば、多くの国や国連機関、赤十字・赤月社、ＮＧＯが捜索隊や医療チームを派遣し、食料や水、テントなどの緊急物資を届けようとする。世界食糧計画（ＦＡＯ）は食糧を配り、国連児童基金（ユニセフ）は水やトイレを提供し子どもたちを保護しようとする。多くのＮＧＯも素早く活動を開始する。

災害が大きくなればなるほど被災地の援助活動は混乱する。　情報なしでは、異なった国や機関が同じ場所で同じ活動をする、という活動の重複が生じてしまう。だれが何をどこでしているのか、情報を皆が持ち、調整しなければならない。被災地では水、食料、住まいなどの分野ごとに、国連、各国の援助機関、ＮＧＯなどのすべての組織が参加するクラスターと呼ばれる調整グループが作られる。グループごとにリーダーとなる機関があらかじめ決められている。**防災を包括的に扱う機関ができたのはここ十数年にすぎない。**事前の備えを含め防災をまとめて扱う国際的な組織が作られるのは、緊急援助の体制整備よりもずっと遅れた。国連において防災の総合的な調整機関である国際防災戦略事務局（ＵＮＩＳＤＲ）が設立されたのは二〇〇〇年である。ＵＮＩＳＤＲは、自然災害による被害・損失の減少、災害リスクの軽減を目指し、災害に強い国やコミュニティの構築を目的として設立された。国際防災協力の枠組みを作り、各国の防災政策の強化を支援している。二〇一五年三月には、仙台にて第三回国連防災世界会議を開催するなどの活動を行っている。世界銀行において災害を扱う部署である防災グローバルファシリティ（GFDRR：Global Facility for Disaster Reduction and Recovery）が設立されたのは二〇〇六年である。ＧＦＤＲＲは、災害被害を受ける途上国での災害リスクの評価や防災への取り組み、気候変動適応策への支援を行っている。防災政策を国レベルの戦略や様々な研修・知識共有活動に主流化するため、技術協力やプロジェクトを実施している。災害保険や財政的な手当て、災害発生後の被害査定などは、ＧＦＤＲＲが国際コミュニティを主導している分野である。

援助額で見ても、災害への備えが重視されていないことがわかる。先進国から途上国への二国間援助の全体額のわずか一％、三七億米ドル（三七〇〇億円）が、二〇〇六〜二〇一〇年の間に防災施設など事前の備えに使われたにすぎない。もちろん活動が行われてこなかったわけではない。防災の優先すべき施策や活動を示す兵庫行動枠組みが国連により取りまとめられて二〇〇五年に策定され、各国・各機関により実施されてきた。その後継となる仙台枠組みは二〇一五年に採択されている。また、東南アジア諸国連合（アセアン）など各地の防災大臣会合などで、各国での防災の取り組みの強化や協力につき議論されてきた。しかしながら、こうした活動はあくまで防災関係者の内輪のサークルにとどまってきた。政府間や国際機関による途上国援助の主要な議題として扱われてきたわけでは必ずしもなかった。

「防災」は英語にならない？　国際社会と日本の取り組みの違いが言葉にも表れている。日本では災害対策として、災害発生時の対応に加えて、事前の対策がいかに重要かも広く理解されている。事前の備え、発生時の緊急対応、その後の復旧・復興の一連の流れを含む災害対策を、本書では『防災』として使っている。法律もこの考え方である。英語で似た言葉と言えばDisaster Managementとなる。しかし、国際社会では災害対策と言えば、災害が発生したときの食料や水、テントなど緊急物資の配布といった対応が中心だったため、Disaster Managementは緊急対応を意味する言葉として使われてきて、その概念が定着してしまった。このため、最近、『防災』を緊急対応と区別するため、Disaster Risk Management もしくは Disaster Risk Reduction と言い出している。直訳すると、災害リスク管理、災害リスク削減、となるのだが、日本語にするとよくわからない言葉になってしまう。本書では、この言葉は使っていない。特に、備えを強調するときは、「事前の備え」と区別している。Disaster Prevention という言葉もあるのだが、Prevent というと完全に防ぐ、という意味合いが出てしまい、〝災害は Prevent できない〟できるのは、被害をいかに減らすかだ、ということで Disaster Prevention も使われなくなってきている。

◇存在感のある日本の防災援助

日本はダントツのドナー　日本の援助は国際社会において飛び抜けて存在感がある。防災の取り組みを、事前の備え(予防)、発生時の対応、その後の復旧、復興と区分し、事前の備えを見てみよう。日本の援助額は二位以下を大きく引き離している。二〇〇六～二〇一〇年の総額は二位のアメリカの五倍以上の一四億米ドル(一四〇〇億円、国際機関への支出も含めると一七億米ドル)である。特に洪水対策への支援が大きく、全援助の九割を日本の援助が占める。ODA予算が減っている中、防災への取り組みは続けられている(**図14**)。特徴として、災害が起きてからの緊急時の救援や復旧復興支援などだけでなく、起きる前の備えへの支援が大きいことである。事前の備えを必ずしも重視してこなかった国際社会の中で、長年にわたり地道に途上国を支援してきたのである。

ハード対策で災害を減らす。日本のＯＤＡと言われて何を思い浮かべるであろうか？　橋やダム、発電所といった大規模インフラのイメージであろうか。厳しい地形や自然条件の中で発展してきた日本の土木技術や、国内での経験を生かしたインフラ施設建設は、日本のＯＤＡの得意分野であるのは間違いない。歴史を振り返っても、日本の国際協力は一九五〇年代後半にアジアの国々への戦後賠償としてのインフラ施設やプラントの建設として始まった。防災分野でもダムや河川堤防といった構造物建設の計画づくりや資金供与が支援され、途上国の経済発展に貢献してきた。

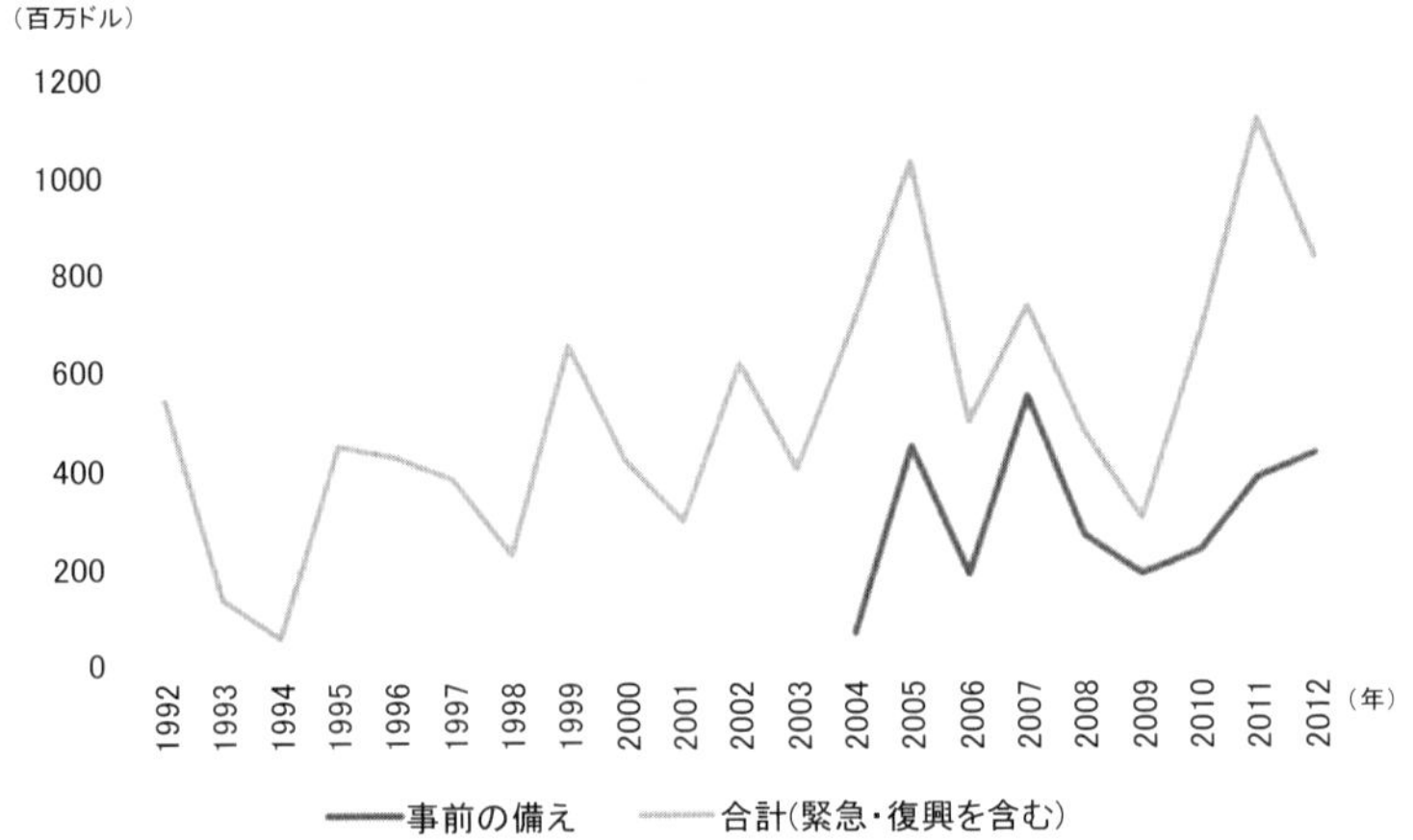

図 14　日本の防災援助の実績
（外務省開発協力白書より作成）

特にインドネシアとフィリピンに多くの援助が長年行われてきた。

インドネシアでは約六〇年にわたり支援が行われてきている。ジャワ島東部のブランタス川流域で、洪水を分流して被害を軽減するための排水トンネル事業を一九五八年に開始し、現在に至るまで支援が続けられている。これらの事業は大きな成果を挙げてきた。河川事業の代表例としてしばしば取り上げられてきたが、約二〇〇〇億円を超える事業に対し日本から約七五〇億円の資金が主に借款として提供された。洪水被害の軽減効果は年間一三五億円(一九八八年価格)に上り、二四〇メガワットの水力発電が開発される(現在の日本で約七万戸の電力に相当、インドネシアでは数十万戸相当)など効果があった。かんがい施設整備により二期作や三期作も可能となり米の単位収量が四・五トン／ヘクタールから八・二トン／ヘクタールに上昇し(日本の現在の単位収量は五〜六トン程度)、当時のインドネシアの最大の課題であった食糧の自給達成に大きく貢献した。

フィリピンの援助は洪水の予報・警報システム構築が一九七〇年ごろより始まった。雨量や川の水位を観測し、そのデータから洪水を予報し警報を出すシステムである。観測機器を設置し、リアルタイムでデータを送る専用の通信回線を整備した。気象庁の職員に対して洪水予測の技術移転が行われた。さらに、これまで堤防建設や改修事業への資金協力や技術協力が行われてきた。これにより全国で約四〇〇〇平方キロメートル、約八百万人が洪水より防御された。そのうち一〇〇万人は貧困層である。九〇年代から二〇〇〇年代にかけて、毎年約一〇〇億円の資金が提供された。そして六〇〇名以上の技術者が技術訓練に参加している。

オルモック市では河川工事で再度の被害が防がれた。レイテ島にあるオルモック市では、約三〇億円の河川の拡幅や砂防ダムの建設事業が支援された。第2章で説明したとおり、一九九一年に洪水が発生し、約八〇〇〇人の死者を出した。二〇〇三年に一九九一年と同規模の洪水が発生したが、被害が出なかった。オルモック市では、国の機関と協力して、河川沿いに公園を整備したり、堤防を清掃したりと維持管理の体制を整え予算も配分している。資金を供与して造られた施設の維持管理は、どこの国でもどの分野でも常に付いて回る問題である。人が配置されない、予算が配分されない、などの問題が起こりがちである。この事例は優良事例と言える。

複数の課題を併せて解決する手法が採られた。洪水に加えて、水道水の供給、水力発電、河川の水質汚染などの川をめぐる様々な問題を併せて解決してきた。これは統合水資源管理と呼ばれる手法である。洪水を貯めて、その水を上水道に使えば効率的である。逆に、分野ごとにばらばらに開発を進めては弊害が出る。農業用水を取水するかんがい堰を、洪水の流れを妨げるように造ってはいけない。また、ある地点で目いっぱい水を取ってしまっては、それより下流では水が使えなくなってしまう。発電やかんがいに使うためにダムに水を貯めるにしても、貯

ミギタ通り

河川技術者ならだれでもヨハネス・デレーケの名前を知っている。明治初期にお雇い技術者として来日し、日本人に近代治水を教え、実践し、今に至るまでの治水技術の礎を作ったオランダの技術者である。当時の途上国である日本に来ての苦労は、いかほどのものであったであろう。

現在では、多くの日本人技術者が条件の厳しい途上国に出かけていき活躍している。フィリピン・オルモック市には「ミギタ通り」がある。右田眞さんはオルモックの治水事業推進に尽力されていたが、完成を待たずして亡くなられた。オルモックの市民は右田さんの功績をたたえ、プロジェクトで建設された道路を MIGITA STREET と名付けた。そして、記念碑が建てられている。

右田氏の記念碑（写真提供 CTII）

めるだけ貯めていては、いざ大雨が降ったときに洪水を貯めるスペースがなくなる。他の援助機関では、個別の施設ごとに別々の計画を作り支援するという手法が結構、採られてきた。日本の援助では、全国レベルや河川の流域ごとに治水、利水、環境の問題や解決策を併せて分析し、個別の施設ではなく、流域全体で水の量や水質、洪水対策などを考え、最適化する計画を策定してきた。統合水資源管理というこの概念は、国際機関や他の援助国が一九九〇年代に持ち出すのであるが、日本は数十年前よりすでに実施していたと言える。

日本の経験と技術を適用した。日本では、全国レベルで水資源や治水の政策を決めるほか、河川の流域を単位として、治水工事や水資源開発を行うマスタープランを作り、流域ごとに災害対策や水の利用を最適化してきた。こうした国内の河川事業の仕組みや技術基準を国際協力にも適用した。

技術を移転する。課題も見られる。資金協力、技術協力ともに技術を中心としたアプローチが採られてきた。技術協力においても、構造物の計画や設計、建設、完成後の維持管理についての訓練など、ハード対策に関係する技術を主に政府の技術者に移転してきた。

制度や組織づくりへの支援は限定的であった。施設建設のための技術基準や計画論ももちろん大事なのであるが、河川の管理のためには現場事務所などの組織を作ったり、洪水を治めるための法律や制度、政策を作る必要がある。ネパールでは砂防治水局が設立された例もあるが、主に技術者の技術力向上などを重視してきた。

日本にももちろん政策や制度づくりの経験がある。 国内では時代の要請に応じて、様々な政策や法律が作られ、改定されてきた。コミュニティの防災活動を支援するために水防法が作られ、資金の支援制度も確立されてきた。阪神淡路大震災後には、NPOについての法制度や支援する仕組みが作られた。一九九〇年代に環境問題が指摘されると、河川法の目的に環境が加えられ、環境事業が作られた。東日本大震災の後には、海沿いの危険な地域には住まず、高台に住むよう、法律や事業が作られた。現場技術ももちろん重要なのだが、国づくりにはこうした法律や事業制度も同様に重要である。

ソフト対策への支援も拡大していかなければならない。 洪水予警報といったソフト対策に分類される事業であっても、観測、通信のための機材供与、政府の技術者への予測技術の向上などの支援が中心であった。しかし、こうした機器を使っての市民の警戒避難や啓発などの対策も重要である。洪水被害を減らすには、自治体や地域社会(コミュニティ)と一緒に防災体制を作っていく必要がある。ハザードマップなどの防災情報を使って逃げる態勢を整える。そのために、避難訓練や啓発活動、学校で防災教育を行うなどである。また、危ない所には住まない、といったまちづくりとの連携も必要である。

貧困削減を直接の目的とするプロジェクトは少ない。経済成長に焦点が当てられ、貧困層を対象とする貧困削減にはあまり焦点が当てられてこなかった。治水事業の目的は、あくまで洪水の浸水を減らして家財や住居、インフラ施設などの損害が減り、浸水による交通渋滞が減るなど経済活動に支障が出ないことである。第1章で説明したとおり、貧困と災害は密接に関連するのだが、貧困削減を直接の目的に掲げた防災事業はほとんど見られない。

数は少ないが貧困問題に取り組み成功した事例もある。一九九〇年代に実施されたスリランカでの大コロンボ圏水辺環境改善事業である。四〇年にわたる円借款の歴史を記録した海外経済協力基金史にて、河川事業の代表として取り上げられている。

事業そのものは大規模施設ではなく、一般的な都市内の河川を広げたりする改良工事であり、技術的な課題があるわけではない。工事を行う川沿いに住む貧困層の住民移転と生活改善、再建を土木工事の約三分の一程度の資金をかけ支援した。その整備には、青年海外協力隊がワークショップを開催して住民のニーズを汲み取りながら事業を進めた。水道や排水溝など生活の場に必要な施設を整備していった。

◇途上国防災のカギを握るコミュニティ防災

・コミュニティ防災とは

コミュニティが対処する対策への支援　バングラデシュの事例が示すように、途上国、特に防災に多くの予算を割けない最貧国では、コミュニティ(地域社会)が中心となり災害に備え、対処することが被害を減らすカギを握る。中進国など比較的裕福な国を除けば、堤防などの構造物や観測システムなどの整備はなかなか進まない。また、政府や地方自治体も弱体で頼りにすることができない。特に自治体は、現場で警報の発令、避難の支援や救援など、迅速な災害対応が期待されているが、途上国では満足な機材や人員が揃っていないことが多い。避難所が整備され、いざという時に警報を受け取れるとは限らない。

日本の歴史が示すコミュニティ防災の有効性　第3章で説明したように、治水とは、堤防などの構造物とコミュニティ活動があって成立するもので、本来、片方だけが存在するわけにはいかない。洪水が起きたとき土嚢を積んで堤防を強化したり、避難の誘導をする水防は、何世紀にもわたりコミュニティごとに行われてきた(**写真23**)。

コミュニティは、その地の事情に精通し、真っ先に最前線で災害に対応する。こうして、様々な対策の知恵や技術を作り出してきた。

一九九五年に発生した阪神淡路大震災で倒壊した建物から救助された八割は近隣の住民によるものであった。警察、自衛隊など専門の救援部隊に助けられたのは二割にすぎなかった。地震の発生直後には警察や自衛隊が大規模な救援隊を送ることはできず、近所の住民が多くの人を救ったのである。これ以来、コミュニティの役割は注目を浴びている。国の機関や自治体による救援、つまり公助には限界があること、そして、自ら助ける自助、地域社会の中で助け合う共助の重要性が指摘された。

コミュニティ防災は国際社会でも広く受け入れられている。一九九〇年代半ばより国際社会においても、それまでの科学、技術的なアプローチだけでなく、コミュニティの防災力強化が注目され始めた。二〇〇五年に神戸で開催された「国連防災世界会議」にて採択された、各国の防災強化の方向性を示す「兵

写真 23　水防訓練の様子（利根川）

VCEW 水位雨量監視警報装置(Volunteers for the Promotion of Community Early Warning : VCEW)

途上国でも材料が安価で手に入り、自分たちでも作成、維持管理が可能なコミュニティ防災に適した監視警報装置が日本の NGO により開発され、普及が進められている。本体はプラスティックの弁当箱に、どこでも買えるような電子部品で構成されている。測定にはペットボトルを使う。設定しておいた量、時間雨量で 50 ㎜など、に達すると警報音を発する。今ではスリランカ、ネパール、ケニア、フィジー、ソロモン、カリブ海諸国などに設置されている。

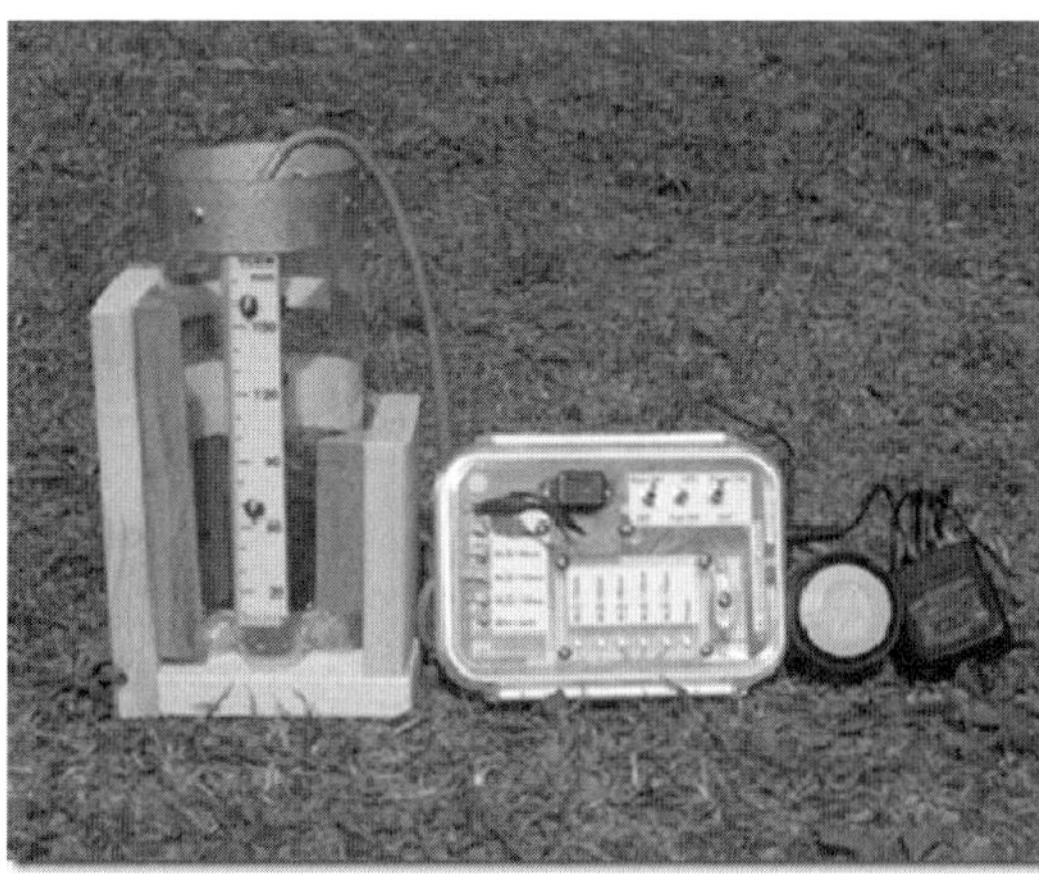

簡易雨量監視警報装置(写真提供：大井英臣氏)

庫行動枠組み」では、災害対応力を体系的に高めるために、コミュニティ・レベルで、制度、仕組み、および能力を開発・強化することを強調している。

日本の援助でもコミュニティ防災の支援が始まっている。そして成果が出始めている。中央アメリカはハリケーンや洪水や地すべり、地震、火山など様々な災害に襲われている地域である。その中ほどにあり、中米では最も面積の小さい国がエルサルバドルである。二〇〇九年一一月に、ハリケーン・アイダにより二〇〇名を超える死者を出した。しかしながら、日本のプロジェクトでコミュニティ防災を支援していたラス・オハス村では、住民が事前に避難し被害を出さなかった。市の防災委員会が上流のコミュニティから異常豪雨の連絡を受け、直ちに無線により連絡を取り、サイレンを鳴らして住民に警報を出した。この警報を聞いた住民が、洪水が来る前に避難したのである。

中米では、防災をそのまま「BOUSAI」と呼んで、災害対策を進めている。「TSUNAMI」は国際的に通じるようになったが、怖いイメージが付きまとう。前向きな言葉である「BOUSAI」が海外でも通じるようになるといいのだが。

・ヒマラヤのふもとでのコミュニティ防災

山国でのコミュニティ防災援助　ネパールは世界の屋根、ヒマラヤ山脈が位置する山国であり、エベレストをはじめ七、八〇〇〇メートル級の山々は氷河と万年雪を抱き、神々が坐すると言われるほど、神々しくも美しい景色を見せる。山登りやトレッキングなど、山好きの観光客を世界中から集めている。だが皮肉なことに、多くの人々をひきつけるその美しい地形は、同時に地すべりや土石流などを引き起こし、人々の命を奪い、家々や田畑を破壊する。ヒマラヤ山脈はインド大陸がユーラシア大陸に潜り込み、今でも押し上げ続けている、という活発な造山活動によりできた。このため、地質が脆弱、つまりぼろぼろで、大雨が降るたびに土砂災害を引き起こしてしまう。

そして最貧国である。トレッキングで山村を訪れれば、元気な子どもたちが追いかけてくる。笑いながらも、裸足で走りまわり、鼻水のあとをつけて、汚れて破けたTシャツや短パン、スカートをはいた貧しい身なりをしている。頭から籠をぶら下げて、まきを運んでいる娘さんや、水瓶を腰に当てて運んでいるお母さんとすれ違うこともある。まきは料理に使い、水は飲み水や生活用水になる。

日本はネパールに対して約二〇年にわたって洪水や土砂災害への対策を支援してきた。一九九〇年代初めより援助が始まったが、当初はネパールの政府機関の技術者に日本の土砂災害対策や洪水対策の技術を移転することを目的としていた。講習や現場視察といった技術研修、日本での研修が行われた。これは、インドネシアなどほかの国で行われ成果を上げてきたやり方である。しかしながら、ネパールは最貧国である。堤防や砂防ダムを建設するというハード中心の対策、技術がそのままでは使えなかった。政府の財政が乏しくて堤防や砂防ダムなどの構造物を造る予算がない。技術を身につけてもそれを生かすお金がないのである。

日本の援助の考え方の修正を、援助関係者に迫ることとなった。こうして必然的に、低コストの技術開発やコミュニティへの支援も行われるようになっていった。その後、ほかの国でも行われるようになっていったコミュニティ防災の原点はここにあり、いまでもネパールでの援助のまねを他で行っている、と言っても過言ではない。例えば、住民自ら集落内を歩いて洪水や土石流の危険箇所を確認し、ハザードマップが作成された。これは標識として設置された。

住民が参加しての河川工事　川が浸食され田畑が削られてしまうので対策工事へのニーズは高いのだが、政府には十分な予算がない。材料のみ政府から支給され住民が労力を提供する、という工事の形態が採られている(**写真24**)。鉄線で組んだ籠に住民は総出で石を運んで詰める。鉄線の籠は蛇籠《じゃかご》と呼ばれ、日本では古くから竹を使って籠を作って河川の工事に使われてきた。この鉄線は日本の援助で供与され、それを政府の現地事務所が配布する仕組みであった。日本の方に住民参加型の防災工事を推進する、という明確な意思があって始めた援助とは思えないが、結果としてはネパールの国情に合った援助となった。

写真 24　住民参加による工事（ネパール）（写真提供：比留間雅紀氏）

現地材料を使った工法も開発された。竹を使って柵を作り土砂の流出を防ぐ工事も試みられた。現地にある自然の材料を使えば、日本のコンクリートを使う工事より格段にコストは下がる。とはいえ、ネパールの政府の予算ではまだ高い。最貧国での苦労、悩みは尽きないものである。

・アフリカでの洪水対策

東アフリカに位置するケニアで、従来型の工学中心の取り組みに加えて、コミュニティがどのように災害に対応しているのか、それをどう改善できるのか、といった社会学的な手法を採り入れ支援する援助が行われた。お金がない中で苦労しての対策、お金がなくても知恵で勝負する対策である。

干ばつと洪水に悩まされる。 アフリカと言えば、サバンナを象やキリンが歩く光景が思い浮かぶ。干ばつでトウモロコシなどの作物が育たず、子どもたちが食糧不足で苦しむ、というのが、一般的なイメージであろう。考えにくいかもしれないが、近年、洪水被害が増加している。特に国の西にあるビクトリア湖の周辺で、湖に川が流れ込む低地での洪水被害が増えている。毎年五〇〇〇人以上が洪水被害を受けている。

日本が支援を行ったニャンド川流域は貧しいケニアの中でも特に貧しい。 住民の五～六割は貧困層に属する。ＨＩＶやＡＩＤＳの疾患も多い。家は泥で作られている。これまた、洪水に弱い。お金がないのでコンクリートで家を造ることはできない。貧しいので洪水で壊れやすい家しか造れないし、家を造っても洪水で壊される。貧困と災害の悪循環である。突然の洪水に流されたり、何メートルもの浸水に襲われたりして、多くの人が命を落とすような洪水ではない。低地が水に浸かってなかなか水が引かない、といった、農業や人々の生活に支障が出るような形態である。この地域では二度、三～五月と九～一一月に雨季がある。このため、年によっては二回、さらには三回も洪水に遭う住民もいる。

湖岸の低地、湿地帯での人口が開発により増加し、洪水被害が増加している。 日本でもそうなのだが、こうした湿地帯は稲作に適している。農業開発事業として干拓により農地が広げられ、そこに水を引くかんがい施設が作られる。稲作の収穫は上がるのだが、ひとたび洪水が起きれば、もともと湿地帯であり、洪水が溢れ、しかもなかなか水が引かない。開発が優先され、どうしても洪水対策は後回しにされてしまう。使えるお金が少しでもあれば、さらにかんがい施設を建設して、とにかく収穫を上げたい、開発を進めたい、と考えてしまうのであろう。遠い先のはっきりしない洪水による損失を防ぐより、目先の確かな利益が何よりも大事、という選択をする。人間は損を防ぐ投資より、儲ける投資をしたいものだろうか。

まずは住民が何に困っているのかを把握した。 三五〇カ所のコミュニティで住民にヒアリングを行った。洪水の浸水の深さや頻度、どう対応するのかを尋ねるのである。こうして地域全体のハザードマップが作成された。今ではシミュレーション技術や衛星情報を利用することで、以前より簡単に洪水が氾濫する様子を再現できる。時間ごとに氾濫していくビデオや、浸水の深さなど緻密な地図を見せられると、災害についてわかった気になるのだが、これはあくまで洪水という物理現象、水がどこから溢れてどこにどれほどの深さでたまるのか、がわかるだけである。住民が実際に何に困っていて、どう対応しているのかは、わからない。

なかなか引かない洪水 驚いたのが浸水の期間の長さである。一度、水に浸かると二週間程度、洪水が引かない。浸水は平均で六〇センチなのだが、たかが数十センチといえども、避難するとなると意外と深い。一〇センチや二〇センチであればまだ歩けるかもしれないが、六〇センチいうとももぐらいまで水に浸かることになる。その中を一時間以上歩くのは大人でもひと苦労である。舗装してある道路は幹線道路のみであり、住民が避難するような道にはあちこちに溝やら穴やらがある。さらに、蛇やワニも出てくるのでは、との心配がある。留守にすると家財道具が盗まれるのも心配で、女性や子どもが避難しても、家には男性がとどまる。浸水しているので、テーブルやいすの上で生活し、盗難を警戒する。浸水した場所で生活するため皮膚病も深刻化する。先ほど述べたように、家と言っても泥でできた家である。

苦労する避難生活　約半数は一カ月ほど避難生活を送ることになる。避難所と言っても環境は劣悪である。東日本大震災でも水道が止まって、避難者はトイレや水道が使えず、プールに溜まった水を使ったり、と苦労していたが、先進国の日本ですらこの状態である。ましてや途上国のケニアはさらにひどい。まず、洪水で水が周りに溢れているのに、皮肉なことに安全な飲み水が確保できない。そもそも、ほとんどの家には水道は通っていないのだが、井戸は浸水してしまい使い物にならない。普段は川の水を汲んでいる住民も、川は洪水である。トイレも浸水して衛生状態も悪化する。こうして下痢のみならず、コレラなどの伝染病が蔓延する。マラリアも深刻化する。マラリアは蚊により媒介されるのだが、洪水がたまることで蚊が繁殖しやすい環境になってしまう。生活にも影響が出る。子どもたちは、この期間は学校に通えない。道路も寸断されてしまう。

住民の対応を支える対策を作る。　調査を行って、避難の状況や住民がどう対応しているのか、

写真25　建設された避難所。高床になっている（ケニア）

何に困っているのかが明らかになった。次は対策である。ワークショップを開催して住民と話し合いを続けながら、洪水対策の計画が作られた。困っている点を改善し、住民の対応を支える方策である。避難所に移動するまでの困難を減らすために、避難路が浸水しないよう高くした。途中に小川があると、洪水時には渡ることができない。こうした箇所に橋が架けられ、排水口が作られ、通路が整備された。まともな避難所がないところでは、避難所の建物そのものが建設された。少し床を高くして水に浸からないようにしてある（**写真25**）。普段は学校やコミュニティセンターとして使われる。避難所では飲み水が得られず、トイレが使えないために衛生状態が悪化している。避難所での水やトイレが改善された。これまで通りに井戸を作っても浸水すれば使えなくなってしまう。このため、浸水しない高床式の手押しポンプ井戸となった。雨水を貯めるタンクも設置された。井戸や橋などの施設は、洪水のない平常時も使用される。もともと井戸がなくて遠くの川や水場まで水汲みに行っており、苦労の多い地域でもある。こうした苦労も軽くなった。

集落ごとに避難訓練が行われた。避難の経路や場所を確認する。ラジオ放送を通じて、どうやって洪水に備えればいいのかの啓発活動が行われた。学校では、子どもたちに洪水の発生の仕組みや逃げ方などの防災教育が行われた(**写真26**)。

本来であれば、コミュニティを中心とするソフト対策と、堤防などの構造物、ハード対策の両方を進めなければならない。実は、コミュニティ防災だけを進めるつもりはなかった。片方では不十分である。従来型の構造物対策、堤防やダムの建設も計画を策定していた。ただし、実施に移す段階

写真 26　避難訓練の様子（ケニア）（写真提供：(株) 日本工営）

であきらめざるを得なかった。ケニア政府も、援助を行う日本政府も、洪水対策への優先度が高くなかった。すでに実施したい案件リストが作られていて、とても洪水対策プロジェクトが入り込む余地がなかった。ケニア政府にしてみると、洪水対策よりも優先したいプロジェクトがある。経済の発展に不可欠な道路や発電所だったりする。同じ水分野でも、水道やかんがいプロジェクトを優先したい。日本政府としても、向こう数年間は大体、援助プロジェクトの予定が決まっている。こうして、費用のさほどかからないコミュニティ防災のみが進められることとなった。

◇防災教育――子どもたちをコミュニティの中心に据える

日本では、学校の先生方が長くにわたり子どもたちの命を守るための教育を続けてきた。日本人であればだれでも、学校での避難訓練を経験していることであろう。こうした経験は途上国にも役立つものであり、援助活動も活発になってきている。

日本は豊富で長い経験を持つ。学校で災害が起きるメカニズムや、起きた時にどう行動すればいいか、という命を守る知識を教わる。津波が地震によって発生すること、地震は活断層やプレートの運動によって発生すること、地震が発生したら机の下などに身を隠すことなど、基本的な知識として知っている。戦前から防災教育に取り組んでいた。「稲むらの火」は防災教材として有名である。一九世紀の安政南海地震で、村の庄屋さんが稲むらに火をつけて村人に危険を知らせた事例から、津波の怖さや避難の重要性、リーダーシップの大切さを説く。この「稲むらの火」は、インド洋大津波の後、アジア防災センターにより現地語に訳され、各国に配布されている。

日本の防災教育が世界に普及している。先に説明したネパールのプロジェクトでも、学校で土砂災害への防災教育が行われている。今でこそ、各国での防災事業で取り入れられているが、ネパールが先駆けとなった。授業で生徒たちは、なぜ地すべりやがけ崩れが起きるのかという災害の仕組みや防災への取り組み、植林にがけ崩れなどの災害を防ぐ大事な役割があることなどを教わる。政府の技術者が出張で講師を務めてくれる。作文・絵画コンクールや啓発のための演劇、ビデオ上映などが行われた。こうした支援は、政府の援助が終わった後も、日本のNGOにより継続されている。学校には雨量計が設置され、雨量が観測、記録された。大雨が降れば、防災活動の参考にする。ネパールなどの最貧国では、家畜の世話は子どもの仕事である。学校から帰ってヤギの放牧の世話をしている。斜面にせっかく植えた若木を食べてしまわないように注意するようになった。

津波後に防災教育の支援が強化された。二〇〇四年に発生したインド洋大津波は、それまで大

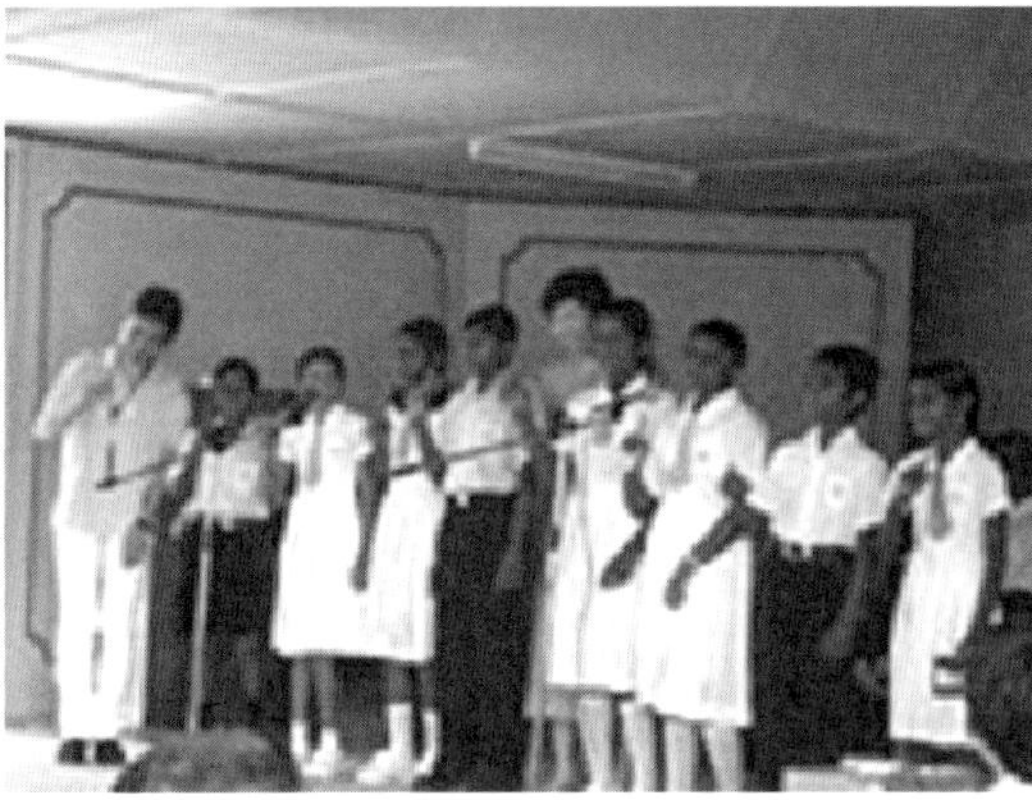

写真 27　子供たちが日本の先生と津波防災の歌を歌う（モルジブ）
（写真提供：近藤ひろ子氏）

きな災害を受けたことがない、平和な、災害への備えも十分でなかった多くの国々に大きな被害をもたらした。タイやモルジブなどである。津波や自然災害の知識も少ない。こうした国々に対して、子どもたちに防災の知識を身につけてもらう防災教育の支援が行われた。モルジブでは復興の一環で、小学校で防災の歌やイベントなどのプロジェクトが行われた（**写真27**）。

東日本大震災では「釜石の奇跡」と呼ばれる釜石市での防災教育が関心を集めた。防災教育のおかげで、学校にいた子どもたちには一人の被害も出なかった。また、気仙沼市でも集中的な津波防災教育を行い、被害を抑えている。こうして一躍、防災教育が被害軽減に役立つと国際的にも認識された。

NPOによる防災教育支援

途上国の防災教育は、ODAだけでなく、NPOによっても支援されている。特定非営利活動法人 SEEDS Asia は、ミャンマーやフィリピンなどでプロジェクトを実施している。ベトナムの中部地域は台風や大雨で洪水、土砂災害の被害を頻繁に受けている。学校や、市役所の防災教育の取り組みを支援している。子どもたちに防災教育を行う学校の先生たちに、教え方を指導し、教材づくり、カリキュラムづくりを支援している。

NPO らしく活動もユニークであり、子どもたちが楽しく災害について学べるよう防災ゲームを開発したり、地域と一緒に防災マップを作製したりしている。

活動の様子（写真提供：SEEDS Asia）

防災教育は広く地域社会を変える力がある。釜石では、逃げる子どもたちを見て近所の人も逃げたという。ネパールでも、学校の生徒だけでなく地域社会での防災力を強めている。子どもたちが、授業で教わったことを家に帰ってお父さんお母さんにも話をする。斜面で穴を掘ったり、山を切ったりする工事は地すべりに悪影響がある。斜面から採石をする人もいなくなった。外からくる専門家や役所の言うことには興味がなくても、自分の子どもに言われると、お父さんお母さんも耳を傾けるようである。

◇復興にコミュニティの力を生かす

二〇〇四年一二月に発生したインド洋大津波で、国連や他の援助機関同様に、日本も大規模な支援を行った。総額で五〇〇億円、このうち国際機関を通じての支援を除くと直接の援助が二七〇億円となった。得意分野の橋や道路、学校などのインフラ施設の復旧は、順調に質の高い援助が行われた。

・コミュニティへの直接の支援が行われた

日本の援助として特筆すべきは、コミュニティへの直接の復興支援が行われたことである。大規模にコミュニティへの復興支援が行われたのは、初めてと言っていい。この後、災害復興にコミュニティへの支援が行われるようになる。ここでは、そこから何が学べるかを見てみたい。

復興には被災者の日常生活を立て直すことが重要である。 復興というと、道路や水道などのインフラ施設の再建に目が向かいがちである。しかし、橋や街並みがきれいになっても、そこに住む人々の生活が立ちゆかなければ意味がない。人々は多くのものを災害で失っている。生計の手段だったり、家族だったり、近所に住む人々からなるコミュニティなどである。災害のつらい経験がトラウマになっていることもあるだろう。

一人ひとりの生活再建を支援するにはきめ細やかな手助けが求められる。 例えば、生計手段は一つではない。タクシーのドライバーかもしれないし、小売店かもしれない、漁師かもしれないし、魚市場の飲食店かもしれない。建物の建設、魚市場の再建などの一つの施策ですべてをカバーすることはなかなか難しい。地域社会の中でコミュニティを通じて、ボトムアップでこうしたニーズを汲み上げながら支援を考えていくことが効果的である。

トップダウンでの支援が有効な場合もある。 均一で大量な支援である。同じ規格の低所得者向け団地を建てる、大量に漁船を供与するといった際には、政府や自治体が主導して、とにかく急いで行う方がいいであろう。

ＮＧＯや住民団体との協働は不可欠 被災者のニーズを汲み取り、きめ細やかに支援するには、地元のＮＰＯやＮＧＯ、住民団体と一緒に活動することになる。こうした組織は地元の風習、習慣など現地事情に精通していて、普段から住民と交流するなど草の根レベルの活動に慣れている。また、貧困地区での活動を得意にしていることが多い。日本人を含めて、外国から来た専門家には一朝一夕で身につく知識ではない。また、日本の専門家がいくら優秀だといっても、対象とできる地域や被災者の数には限りがある。

日本の支援は結果として援助手法の現場実験とみなせる。援助はインドネシア、スリランカ、モルジブに集中した。タイやインドも被害は大きかったのだが、これらの国は援助を限定的に受け入れた。三カ国に対して、ＪＩＣＡが採ったコミュニティ支援の手法はそれぞれ違っていた。これは、災害被害が広くにわたり、ＪＩＣＡの中でも多くの部署が関わることになったためである。結果的に三カ国の成果から、援助手法の比較ができる。

① インドネシアではＮＧＯへ資金を提供する補助金型　ＮＧＯの活動に対してＪＩＣＡが資金を提供する。被災者への支援活動の内容はＮＧＯからの提案が元になっている。ＪＩＣＡとの協議で内容が変わることもあるが、基本的にはＮＧＯのアイデアが尊重されている。津波災害前からインドネシアで行っていた事業の仕組みを、津波の復興支援に活用した。一二のＮＧＯに対して、漁船の製作や供与などの生計復旧、子どもも含めたトラウマ対策、上下水道復旧などの活動に資金が提供された。

②　スリランカではＮＧＯと契約を交わす委託契約型　避難所の住民団体、漁業協同組合、小企業組合が現場での活動の主体となっている。受けたい支援を住民や漁師、企業家が組合や団体の中で話し合って決める。

避難所では、生活に必要な機材を提供し、被災者による組織作りを支援した。組織を作ることで、ＪＩＣＡ以外の援助団体からの支援も得られるようになっていた。漁協に対しては、津波で流された組合事務所を再建し、組合員への融資事業などの活動を再開する支援を行った。中小企業組合に対して、お菓子作りなど家内工業や自動車修理工などを始める支援を行った。被災者一人ひとりではなく組合を活動の中心とすることで、原材料の購入や市場への販売も有利となる。

こうした組合は津波前からあり、ＪＩＣＡのプロジェクト終了後も活動が続くと考えられた。プロジェクト自体はＪＩＣＡから専門家チームが受託しており、現場での日々の活動はＮＧＯがさらに委託した。ＪＩＣＡ専門家チームが活動内容を指導、監理し、責任を担った。

③　モルジブではＪＩＣＡが直接プロジェクトを行う直接実施型　モルジブは多くの島から成り立つ群島であり、ＮＧＯが存在していなかった。このため、ＪＩＣＡ専門家が直接活動を行うこととなった。

Cash for work と呼ばれるプログラムでは、住民が津波がれきを建設用資材にリサイクルする作業を行い、賃金が払われた。平らで逃げる場所もない。このため、津波からの避難所兼祈念碑となる施設を建設した。学校では、絵画コンクールや日本での津波防災の歌を訳して子どもたちと歌う防災教育などの活動を行った。

・多大な成果があったが課題も見つかった

援助の結果であるが、それぞれ確実に成果を上げていた。住民のニーズを事前に調査して汲み取り、それに対して活動が計画された。いずれも妥当な計画であった。

モルジブでは丁寧な支援となった。日本人専門家が直接住民と話をして案件を作り、自ら実施した。日本人ならではの丁寧な取り組みで、これといった問題もなく計画どおりの成果を出している。対象とした家族は二百数十戸と少ないが、日本人が直接実施するため、どうしても対象とする地域は限られてしまう。

援助のプロである外国人の専門家が責任を持って解決に当たった。スリランカでもモルジブでも、プロジェクト実施の最終責任は日本人のＪＩＣＡ専門家が負っていた。このため、質の高い支援となった。何かしらのトラブルは常に発生するものである。特に災害復興ではいろいろな活動が実施されることになり、周りの環境が急激に変化し続けていた。

インドネシアでは全体で一万人以上の住民に対して成果をもたらした。 かけられる予算を直接ＮＧＯに支給しているので、効率的であった。かけた手間に対してどれほど成果が上げられたかという「効率」は、援助を実施する上で必須の判断項目である。

いくつか課題も見つかっている。 マイクロファイナンスという手法が採られた。住民が自ら生計を立てる仕事を考え、それに対して少額の融資を行った。数頭の家畜を飼うことや、干し魚やお菓子作りなどの住民のアイデアと自主性を重視し、それに資金を提供して支援する、という取り組みである。ただ、一年という実施期間では、こうした融資で成果を出すのは難しかったようである。必要な職業訓練や支援も必要であろうし、仕事を始めてからの相談や売り先の開拓などの支援もいるであろう。

災害復興は特殊な環境である。 通常の草の根レベルの開発プロジェクトであれば、ＮＧＯの得意とするところであろう。しかし、復興支援は住民が移転したり、インフラが復旧したりと、刻一刻状況が変わるなかでプロジェクトを進めなければならない、といった難しさがある。ＮＧＯも、津波でスタッフを失っていたり、多くの仕事が集中して過労気味であった。

今後の改善に向けての取り組み　復興には長い期間が必要である。阪神淡路大震災では一〇年かかった、とも言われている。東日本大震災は被災地域が広く、原発事故もあり複合的な被害が出ており、もっと長い期間が必要かもしれない。インド洋津波でのＪＩＣＡの主な支援は数年で終了した。早く効果の出る援助に加えて、長期的に関与し息の長い支援が求められる。

◇今後のソフト分野の防災援助

社会の構造に根差す問題に取り組むのはまだまだ課題がある。災害の原因として、都市化や人口増加、貧困といった問題を指摘してきた。防災援助と社会構造に根差す問題を連携させる取り組みは、これまでも限られてきたし、その方法はまだまだ難しい。例えば、災害が来ないような条件の良い土地で頑丈な家に住み、また、被害が出ても元の生活に戻れるように貯蓄をするためには、所得を上げて貧困から抜け出すことが根本的な解決となる、ただ、所得向上を目指すだけで大きな一つのプロジェクトになってしまう。

開発の規制も簡単ではない。都市化が問題なら危ない所に住まなければいい、とだれもが指摘する。ただ、土砂災害が起きやすい山沿いや、津波に襲われる海沿いの開発を規制する、という施策は日本でも始まったばかりである。政府機関、特に自治体で職員の数も十分に揃わない途上国ではなかなかできることではない。

コミュニティ防災はこれまでのハード対策とは違う。避難訓練や計画づくり、防災教育などの活動が主体となる。施設と言っても、コミュニティに役立つ避難所や避難路等の施設はいずれも小さいものとなる。大きな川にかかる長大橋や、そびえ立つダム、というような従来型の日本のＯＤＡとは、随分と趣を異にする。

コミュニティ防災援助の手法が確立されているわけではない。 コミュニティ防災援助の歴史は短く、専門家が育っていない。堤防の建設であれば学問として確立されており、計画から施工、維持管理まで、技術基準やマニュアル、技術図書や教科書が揃っている。技術者や研究者も国内外で多く活躍している。しかし、コミュニティの活動や施設を計画できるような専門分野はこれまでなかった。マニュアルやガイドラインなどの技術図書も国連機関、ＮＧＯ、ＪＩＣＡも含め様々な機関がいまだ開発中である。そもそも、そうした援助を行ってこなかったのだから無理もない。援助側の能力向上、手法の開発が課題である。

参考文献

・石渡幹夫、コミュニティと防災援助―参加型アプローチの適用を中心として、開発援助研究 4(3), 173-189, 1997
・石渡幹夫、大井英臣、三牧純子、河川分野における国際協力のあり方―歴史的な変遷と課題、今後の方向性、河川技術論文集(二〇一二)
・外務省『開発協力白書』各年版
・国際協力機構、インド洋大津波災害復旧レビュー報告書―『人間の安全保障』の観点からの教訓―(二〇〇七)
・Dan Sparks, Aid investments in disaster risk reduction-rhetoric to action, Briefing Paper, Global Human Assistance, 2012.

・Ishiwatari M., Review of Disaster Rehabilitation Methodologies Following the Indian Ocean Tsunami from a Human Security Perspective, Asian Journal of Environment and Disaster Management 2（3）, pp 275-288, 2010.
・JICA, Recovery, Rehabilitation and Development Project for Tsunami Affected Area of Southern Region in the Democratic Socialist Republic of Sri Lanka, 2006.
・JICA, The study on the Urgent Rehabilitation and Reconstruction Support Program for Aceh Province and Affected Areas in North Sumatra in Indonesia, 2006.
・JICA, Third Report of the Study on Tsunami Recovery, Rehabilitation and Development of Islands in Maldives, 2006.

第6章　東日本大震災の教訓を世界に伝える

東日本大震災で得られた貴重な教訓を、災害にいまだ苦しむ世界の人々に生かしてもらいたいとは、多くの日本人が考えることであろう。震災では、関連死を含め二万人以上の死者、行方不明者を出した。この尊い犠牲と引き換えに、一人ひとりがすべきこと、自治体がすべきこと、国がすべきこと、企業やＮＧＯがすべきこと、いろいろなことを我々は学んだ。間違いなく、ほかの国にも有益な教訓である。

「釜石の奇跡」と呼ばれる、防災教育の成果はその一例である。「カマイシ・ミラクル」として発信されている。避難訓練なども含めた実践的な防災教育により、生徒の命はもちろん、コミュニティの人々の命を救うこともできるのである。「てんでんこ」は「tendenko」として、とにかく逃げる、という避難の重要性を伝えるキーワードとして使われている。

◇世界からの厚意のお返しとして

世界から驚くほどの支援を頂いた。東日本大震災では義捐金や援助隊の派遣など、合計で一六〇以上の国と地域から援助を受けている。統計がないので全額はわからないのだが、日本赤十字を通じたものだけでも一〇〇〇億円は超えている。これに国連やNGOを通じた額を加えると、さらに巨額になる。この年の日本の国際協力予算は五七〇〇億円ほどだから、どれほど大きな額かがわかるであろう。アメリカや台湾、ヨーロッパなど先進国だけではない。本書でもたびたび出てきたバングラデシュなどの最貧国や、アフリカの小国、いまだ紛争に苦しむアフガニスタンなどの国々からも義捐金を受け取った。

災害があった他の国を差し置いて、日本が半分を受け取った。東日本大震災が起きた二〇一一年には世界中で多くの災害が発生していた。アフリカでは数十年ぶりと言われる干ばつに襲われ、スリランカでも大洪水に見舞われていた。この年、世界中で行われた災害人道支援のうち、日本がその半分の金額を受け取っている。

憲法前文の言う「名誉ある地位」に向かって我々は進んでいるのだろうか。なぜ、日本がこのような厚意を受けることができたのであろうか。世界中の貧困や経済発展といった問題に、真剣に、誠実に向き合ってきたからではないだろうか。純粋にその国にとって何が求められていて、役立つのかを考え、答えを出そうという姿勢を取ってきた、と思う。そして、車や電化製品など性能の良い商品を販売し、世界の人々に喜んでもらってきたからではないだろうか。

多大な支援を受け取った。こうした厚意に対してどのようにお返しすればいいのであろうか。あの震災から学んだ教訓を途上国に生かしてもらう、このくらいは最低でもすべきであろう。

◇「伝える」とはどういうことか

過去の災害から学び、それを次の災害への備えに役立てる。大切なことである。災害対策とは、こうして発展してきたといっても過言ではない。災害の経験の何を教訓とし、それをどう伝え、実践していくのかは、決して簡単なことではない。

我々は本当に学んでいるのか。単に同じ過ちを繰り返しているだけではないのか、と思うこともある。東日本大震災が起きて一カ月が経ち、現地の避難所を訪れたとき、私は衝撃を受け我が目を疑った。同じ過ちを繰り返しているからである。学校の体育館で被災者が雑魚寝《ざこね》をしている。プライバシーも何もない劣悪な環境である（**写真28**）。阪神淡路大震災でプライバシーの大切さを学び、避難所では間仕切りを設置することになっていると思い込んでいた。国内でもこの有様である。過去の災害から教訓を学び、ましてや文化や習慣も違う外国の方々に伝え、実現させるのは、どれほど難しいことだろうか。

思いと教訓は違う。こちらが素晴らしい経験だと思っても、一方的に思いを語り継ぐだけでは、伝わらない。途上国の人々から共感は得られたとしても、彼ら彼女らのニーズ、求めているものに合致するとは限らない。途上国に役立てるという視点から教訓を選び、伝える必要がある。

ハイテクは素晴らしいが、直接途上国に役立つとは限らない。新幹線の早期地震探知システムを例にしてみる。三月一一日には、地震の揺れを探知して知らせ停止させるシステムにより、時速二〇〇キロ以上で走っていた東北新幹線が、一人のけが人も出さずにすべて無事に停車した。これは途上国の人に、さすが日本の先端技術は素晴らしい、と感心はしてもらえても、途上国で生かすことはできない。そもそも新幹線が走っていない。一般の列車や道路を

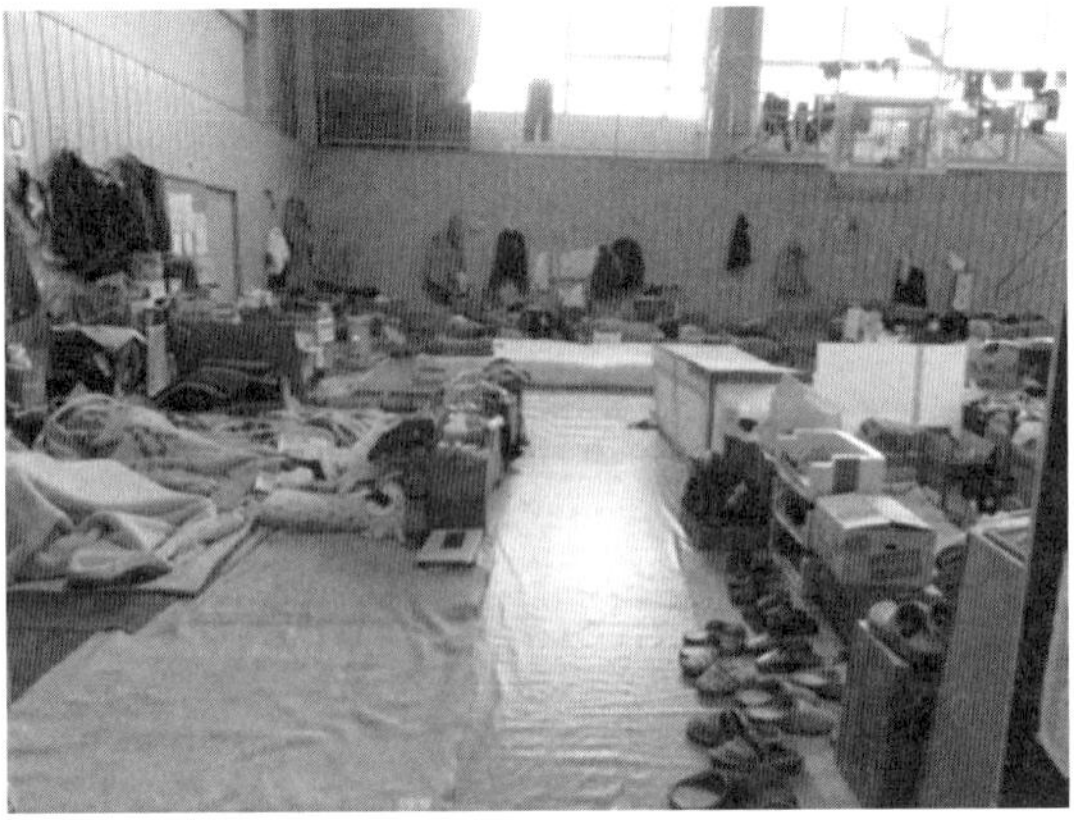

写真28　体育館の様子

走っている自動車にも有効な手段だ、と言っても、やはりなかなか難しい。密に張り巡らされた地震の観測網、そしてリアルタイムで観測データを伝える通信網、データに反応して電源を切り警報を伝える対応等々、高度なシステムで成り立っている。途上国では、まず、地震の観測施設の設置から始めなければならない。大地震の際に、数十秒から数分前に揺れが来るのを知らせてくれる緊急地震速報も同様である。そのますぐに途上国に使うのは難しい。

途上国の視点に立って伝える。新幹線の地震探知システムの例で言えば、伝えるべきは、地震観測の重要性である。地震が起きた際にどれほどのマグニチュード・震度だったのかがわかれば、大被害が予測されれば素早く救援隊を動かすなど、政府や自治体の初期対応も変わってくる。また、観測データを蓄積することで、その後の地震対策に生かすこともできる。どれほどの地震の揺れで建物が壊れたのか、などの情報を集めることができる。

◇阪神の教訓は失われた？

一九九五年に発生した阪神淡路大震災の教訓は、残念ながら世界中に広く共有されてはいない。六〇〇〇人にも及ぶ死者・行方不明者を出した大震災であったが、あの犠牲と引き換えに得られた貴重な知識や教訓が世界では生かされているのであろうか。

阪神淡路大震災の教訓は失われた、と外国から思われている。とある国際会議で国連の防災専門家が、「阪神淡路大震災の教訓は失われてしまった」と発言した。日本政府の関係者も出席している前で、これは失言だ、と気が付いたようですぐに取り消したが、本音だったと思う。また、別の国際会議で、とある国際機関の防災担当事務局長が、阪神淡路大震災での教訓はまとめられていない、東日本震災の教訓はぜひまとめたい、と発言した。これを聞いたとき、そんなバカなことがあるか、と思い、「阪神淡路大震災の教訓は体系的にきちんとまとめられていて、膨大な資料が揃っている」と、手を広げて、これくらい、とジェスチャーも入れて反射的に発言した。

貴重な教訓は膨大な資料としてまとめられている。内閣府や兵庫県、神戸市などいろいろな機関が、国や自治体のそれぞれの立場から、事前の備え、地震発生時の対応、その後の救援や復旧を検証し、教訓や提言がまとめられている。発生直後、五年後、一〇年後など、丁寧に追跡されている。失敗も含め正直に、素直に体系的に整理されており、非常に有益である。どの調査でも、ごまかしたり、隠したりせずに、できなかったことも含めて、あの震災での出来事をきちんと検証して伝えていこう、という気持ちが行間や報告書全体から伝わってくる。私が海外のプロジェクトに携わっている際に何か迷いがあると、阪神淡路大震災ではどうだったのだろう、と思って探すと、必ず答えが見つかったものである。

でも日本語なので、外国人には見つけられない。海外の専門家に指摘されて、改めて外国人の立場で資料を探してみた。すると驚いたことに、ほとんど見つからないのである。英語でだれでもアクセスできる形で、つまりWEB上では、海外の専門家や自治体の職員に役立つ形で阪神淡路大震災の教訓が体系的にまとめられた資料を見つけることはできない。確かに「失われている」。残念なことである。様々な国際会議では、日本の研究者や政府の関係者、実務家や専門家がプレゼンテーションを行ったり、スピーチをしたりはしている。しかし、断片的なものにならざるを得ない。今からでも遅くはない、これからでもまとめなくてはいけないか、と思っている。

日本からの発信は十分ではない。阪神淡路大震災で教訓となった「自助、共助、公助」を英語の文章で探してみた。これまた、なかなか見つからない。政府の援助にはどうしても限界があり、地域社会の中で助け合うことが必要、とは最も重要な教訓と思っていた。それすら十分に日本から発信されてはいない。

◇震災の教訓を世界の防災に役立てる

世界銀行・日本共同研究「震災教訓プロジェクト」　世界銀行では日本と共同で、東日本大震災から得られた教訓を災害に苦しむ国々の防災と復興に役立ててもらうことを目的として、研究プロジェクトを二〇一一年に立ち上げた。政府機関、大学、ＣＳＯ（市民社会団体）など多くの方に執筆、協力いただき、「大規模災害から学ぶ：東日本大震災からの教訓」を作成した。これは三六の教訓ノートからできており、すべて世界銀行のホームページから日本語、英語でダウンロードできる。

日本が発信したい、よりも、世界が知りたい、という視点から情報をまとめている。　教訓集の作成に当たっては、この視点にこだわった。途上国の実務者との協議や世銀専門家や国内外の専門家の査読など、手間ひまかけて作っている。日本の専門家からは、この教訓をぜひ、と言われても、世界銀行の専門家から、途上国にとってさほど有益ではない、と判断されてあきらめてもらった教訓もあった。

・世界銀行から見た教訓とは

世界銀行という途上国の援助を担当する国際機関から見ると、なにが震災の教訓となるのだろうか。

まず、東日本大震災の特徴であるが、まれにしか起こらない低頻度な巨大災害であり、原発事故はじめ高度に複合的な被害をもたらした、と捉えている。世界中にめぐらされた自動車やコンピュータなどの生産の分業体制と部品の供給体制をサプライチェーンと呼ぶが、平常時は効率的な生産体制であるが、東日本大震災の際にはこのサプライチェーンを通じて、タイやフィリピンの自動車工場で生産ができなくなったり、とグローバルな影響が際立った。

世界銀行が取り上げた主な教訓としては、以下の三点が挙げられている。

〈教訓1　災害への投資は報われるが、想定以上の規模にも備えねばならない〉

教訓として第一に、災害への投資は報われる、ことを強調している。すでに述べたとおり、途上国では災害への事前の備えに十分な投資がなされておらず、また開発援助においても限られた資金しか供与されていない。たとえ大きな被害が予測されているとしても、いつ来るかわからない災害へ備えるよりも、教育、保健、交通、水等々、待ったなしの問題が目の前に山積し対応が迫られている。このため、日本では今回の災害においてこれまでの投資が役に立ったことを示している。東日本大震災でも、様々な防災対策が取られていなければ、被害は数倍に上った可能性もあった(**図15**)。

対策を整備することで災害被害は軽減できるのだ、ということを打ち出している。今回の震災では地震の揺れによる死者数は二〇〇名以下と言われており、建物の耐震基準や構造物の耐震補強、新幹線の地震感知システムなどが有効に機能して被害を最小限に抑えることができた。二〇〇人という数字に満足していいわけではないが、マグニチュード九の大地震であったことを考えれば、対策が機能したと言えるであろう。津波に対しても、防災教育や消防団の働きなど、これまでの備えが被害軽減に貢献している。

しかしながら、死者行方不明者が二万人を超える大きな被害を出してしまったことも事実である。予測(想定)を超える災害に備えていなかったことを最大の要因とし、予測を超える災害に備える必要性を、併せて主要な教訓としている。

〈教訓2　過去の災害から学ぶ〉

災害が起きた後に、対策についての課題を洗い出し、改善策を講じる重要性を指摘している。途上国においては、防災体制の整備を進めようにも、きっかけを掴むのすら難しいことがままある。災害は不幸なことだが、災害の後は人々の関心も高く、防災を進

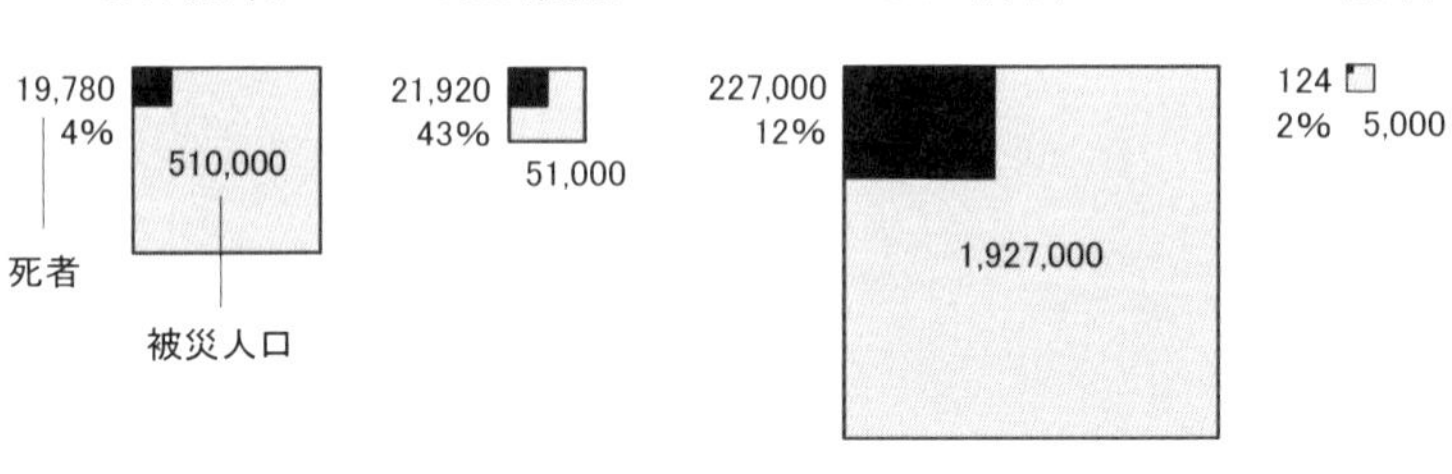

図 15　津波被害の比較（ランギエリ・石渡（2015）を基に作成）

める機会となりうる。こうした機会を逃さずに整備を進める必要がある。

日本では、長年にわたる努力の積み重ねにより現在の体制が整えられてきた。河川の堤防は四世紀に淀川で初めて建設され、それ以来、延々と全国で建設され続けている。戦後は洪水被害を受けると、再び被害が出ないよう堤防が再建されてきた。数十年かけて日本中を洪水が一回りし、全国の河川の改修が進み、結果、洪水に強い国土となった。

消防団や水防団は数世紀の歴史を持ち、世の中の移り変わりとともに発展、変遷してきた。防災に関する法律や組織も、災害のたびごとに整備されてきた。災害後の救援態勢の整備から始まり、事前に備える態勢を整えてきた。阪神淡路大震災では初動の遅れが教訓となり、内閣府に防災担当部局が作られ組織が強化され、防災を担当する大臣が置かれた。東日本大震災の経験から、大規模災害への備えなどさらに改善が重ねられ、すでに、次の災害に備える努力が始まっている。

建築基準は、関東大震災で世界で初めて国レベルの基準が制定された。その後、地震が起き建物の弱点が見つかるたびに改定されてきた。今回の東日本大震災では致命的な被害は防がれ、その有効性が示された。

〈教訓３　防災は皆の仕事〉

地域社会をはじめとする民間企業、ＮＧＯ、学校等々、様々な機関や関係者の役割が重要である。今回の震災において、地域社会が被害軽減に果たす役割は大きなものがあった。ハザードマップや津波警報によって入手していた情報よりも、はるかに巨大な津波が押し寄せてきた。堤防も完全に防ぐことはできなかった。押し寄せてくる津波に、それぞれの集落は最前線で自ら立ち向かうことになった。地元のボランティア団体とも言える消防団は警報や避難、救護などに活躍し、数え切れない命が救われた。浸水を防ぐためにゲートを閉鎖し、お年寄りや避難を嫌がる住民の避難の誘導、津波の監視や警報の発令などである。ただそれには、多くの尊い犠牲も伴った。住民に津波来襲を知らせるため最後まで半鐘を鳴らし続けた団員や、寝たきりのお年寄りを救おうと犠牲になった団員など、二〇〇名以上が亡くなっている。その後も地域社会が中心となって、避難所は自治会が中心となり運営した。復興計画の策定にも様々な住民団体が関わっている。

学校での防災教育の重要性は、奇跡と呼ばれた釜石をはじめ各地で多くの子どもたちが逃げ延びたことから明らかになった。民間の果たす役割も認識された。地震保険などの保険制度により二兆七五〇〇億円が補償されるなど、民間企業の果たす役割も大きい。緊急物資輸送は自治体による対応では限界があり、プロである民間の物流専門家の助けを早い段階から借りるべき、という指摘もなされている。

一方で、日本と途上国ともに解決していくべき課題として、以下の三つの課題を挙げている。

〈課題1　リスクの評価とリスクコミュニケーション〉

ハザードマップは被害軽減に有効であるが、災害情報が誤った安心感を与え、人々の避難を遅らせ被害を拡大した可能性もある。事前に各家庭に配られていたハザードマップでは、実際より狭い範囲しか危険地域としていなかった。海岸から約一キロが危険地域とされていたにもかかわらず、その四倍の四キロ内陸にまで浸水した地区があった。ハザードマップには「実際の状況とは異なる場合があります」と但し書きはしてあるが、実際、赤や青で塗られた地図を見せられ、自分の家が数キロも離れていれば安全だと思ってしまったのかもしれない。

津波警報は住民が避難する判断をするのに貴重な情報であるが、いつもうまく働くとは限らない。三月一一日に出された津波警報には、いろいろな課題が見つかっている。地震発生後三分で出された警報の津波高さの予測が、実際の津波より大幅に低かった。津波高さの予測はその後三〇分ほどで高く修正されたのだが、停電していたり、すでに避難していたりと、きちんと伝わらなかった。沖合に設置したブイでは津波の異常な高さを観測していたのだが、この情報を重視しなかった、などである。これを教訓に、気象庁も情報の出し方を見直している。

地震予測はどこまで確からしいのか。今後三〇年で八〇％の発生確率、などと公表されているが、果たしてどこまで確立された技術なのだろうか。皮肉なことに、震災前の福島県の地震予測は低く、地震保険の掛け金は安く、日本で最も地震災害から安全な地域のひとつ、とされていた。

防災技術には限界がある。津波の浸水の予測は一つの仮定でシミュレーションされていること、実際にはそれより大きな津波が来る恐れがあることは、どれほどの住民に理解されていたであろうか。津波警報も、マグニチュード九クラスの津波の高さのタイムリーな予測が難しいことなど、ほとんどの人は知らないに違いない。堤防で町や家が必ず守られるとか、警報や避難勧告が常に出せるような言い方を役所や専門家はすべきではない。設計以上の津波や洪水を完全に防ぐことは難しいこと、災害の予測は完璧ではなく、警報や避難勧告を事前に出せないこともありうることを、きちんと伝えるべきである。

双方向のコミュニケーションが求められる。リスクコミュニケーションというと、専門家による災害や防災についての啓発や、災害情報を住民にわかりやすく伝えることに焦点が当たりがちである。しかしこれでは不十分である。ハザードマップや警報などの情報は、避難など災害に最前線で対応することになる地域社会が実際の避難行動などの対応に役立てなければ、意味がない。住民が防災情報をどれほど理解しているのか、していないのか、どのように災害に備えているのか、どのようなタイミングでどこに逃げるのか、を専門家は知るべきである。行政や専門家が住民に対して一方的にトップダウンの啓発活動を行うのではなく、地域社会の状況を行政や専門家が理解し、地域社会に役立つ防災対策を進めることが求められている。予測の精度向上などに注目が集まり、技術開発も進められてきた。今後は、コミュニケーションの改善が必要である。

〈課題2　調整〉

外国の緊急援助隊や国際ＮＧＯなど多様な組織が救援、復旧活動に現場に入ったが、その調整は困難な仕事となっていた。地方自治体が調整することが期待されていたが、対応が難しかった。庁舎や防災センターが損傷し、職員や町長が犠牲になるなど、防災への対応能力が大きく損なわれ、様々な災害対応に迫られていたためである。

どの国でも、大規模災害後の支援活動の現場での調整は困難を極める。途上国では、真っ先に対応すべき自治体が、そもそも十分な人員、能力を備えていない。こうした混乱の経験を踏まえて、水や食料、住居など分野ごとに、国連が中心となって主導する機関を決め、情報交換、調整を行うクラスターアプローチと呼ばれる手法が採られている。日本においても、被災し様々な業務が降りかかる自治体を支え、現場での調整を行う仕組みづくりが求められている。

〈課題3　弱者配慮と参加〉

被害者に占める高齢者の割合が高かった。また、避難生活での女性へのプライバシーや配布物資への配慮、身障者への支援などが十分ではなかった、と指摘されている。災害時に弱者への配慮が欠けてしまうのは、世界共通の問題である。

避難所の運営を主に担ったのは自治会であるが、自治会の会長の九五％は男性である。運営や救援物資の選定に女性が関わり、ニーズに対応できることが必要である。さらには、平常時から防災会議にも女性の委員を加え、女性の視点からの災害対策を推進していくべきである。

・防災の主流化を手助けする

こうして作成された教訓集を題材に、途上国の防災の主流化に貢献すべく震災教訓を共有する活動が開始された。トレーニングやワークショップ、政策対話、テレビ会議システムを使った講義などが行われた。

防災の主流化とは開発の各分野に防災を組み入れることを言う。災害に強い国づくりを進めるために、防災を開発計画や財政に位置づけ、また、交通、教育、都市、エネルギーなどの様々な分野で、防災に取り組んでいかねばならない。このためには、政策決定者が防災に理解を深め、防災政策や意思決定に関与していくことが重要となる。防災に限らず、多様な分野の専門家や政策決定者の啓発活動を行い、防災に関する能力強化を支援した。

防災を国の重要な開発課題と位置づける。各国では、道路を五年間で○○路線建設する、学校を○○カ所整備する、といった開発計画を作成し、予算を配分し、国の開発を進めている。途上国では、災害対策が経済社会開発や国の発展にとっての重要な課題として認識されていないことが多い。このため、防災プロジェクトが国家や地域の開発計画に必ずしも位置づけられてはいない。防災の重要性を国として認識し、国家財政から災害対策へ予算を配分し、国土や地方の開発計画に防災施策やプロジェクトを位置づけることが重要である。日本では、過去に作られた全国総合開発計画において、防災プロジェクトが位置づけられてきた。

予算として明確化する。 途上国では財政上、明確に防災予算として切り分けられているのは珍しい。防災予算の大小や毎年の増減が意識されていない。日本においては、防災予算として国土保全や科学技術の予算が集計され、防災白書にて毎年、国会に報告されている。

災害を減らすには様々な分野での取り組みが求められる。 例えば、橋は洪水の流れを妨げるように造ってはならない。途上国では、費用を節約するために橋をできるだけ短く造ろうとする。こうすると川幅を狭めてしまい、洪水が溢れやすくなる。また、道路の復旧は救援隊や救援物資を送り込むのに不可欠である。道路を建設する役所や技術者は、災害についての知識を持ち、対策を取らねばならない。防災教育を進めるためには、カリキュラムの中に災害対策を入れ込むなど、学校や役所の取り組みが必要となる。学校は避難所としても活用される。これまで繰り返し述べてきたとおり、危険地域での住宅建設や開発の規制が効果的だが、これは都市部局の仕事となる。

対象は津波地震以外の災害の被災国も対象としている。 東日本大震災からの教訓は津波、地震災害から得られたものだが、それ以外の洪水、土砂災害、干ばつ等の災害への対策にも参考になる。例えば、政府や自治体による防災計画づくりや、国の防災体制と組織、地域社会の対応などは、どの災害対応にも役立つものである。

従来行われてきた防災技術を移転する技術者、実務者に加えて、以下のように幅広い部局や関係者がプロジェクトの対象となった。

財政や計画部局——途上国の財務省や計画省に声をかけ、財政や国家計画担当者が防災について理解を深め、知識を得ることも目的としている。スリランカの財務計画省や、ケニアの地方自治体の開発計画の責任者や担当者が参加した。

政策決定者——国家予算から災害対策に予算を配分し、開発計画へ防災プロジェクトを位置づけるには、大臣など政策決定者の理解が得られなければ

写真 29　ウガンダ防災大臣の仙台市長表敬訪問
（前列中央右が大臣、左が市長）

ばならない。キルギス共和国では副首相に、ウガンダやスリランカでは防災大臣にも参加いただき、プログラムを実施した。さらにウガンダでは、国会議員向けに研修を行った。防災大臣や防災省の次官など高官を日本に招き、東北の現場を見ていただき、日本の政府機関や関係者と政策対話を行った(**写真29**)。

幅広いセクター——NGOなど市民団体や民間企業の災害時の協力も重要である。災害に真っ先に対応するのは地方自治体であり、自治体の能力も強化されねばならない。省庁のみならず、大学、民間、NGOなどの関係者が参加した。

世界銀行のプロジェクトは二年で終了した。後は日本が引き継ぎ、東日本大震災の教訓を風化させることなく、実際に途上国で役立てられるよう、活動していかねばならない。

参考文献

・国際協力機構、地震・津波に対する効果的アプローチの検討(二〇一二)
・ランギエリ・フェデリカ・石渡幹夫『大規模災害から学ぶ：東日本大震災からの教訓』世界銀行(二〇一四)

おわりに

ネパールの山の中で途上国の防災援助に関わるようになってから二五年以上が経った。どうすれば途上国の災害が減らせるのか、いまだに悩みは尽きない。やるべきことは多く、それでいて、資金や人材はどこでも全くもって不足している。

日本の経験は貴重であるし有益である。洪水や氾濫という物理現象を解析し、ダムや堤防を建設する技術は優れたものを持っている。本書で述べてきたように、でもそれだけでは通用しない。コスト、途上国の技術レベル、経済社会状況等々の制約がある。日本の防災技術をどのように途上国に適用していくのか、これからも考えなければならない課題である。

進むべき道を示してくれているのは大先輩の二人である。国内の防災に関わり、その後ＪＩＣＡの国際協力専門員に転身された、渡辺正幸さんと大井英臣さんである。日本の経験と現地の事情をどう融合させるのか。現地の材料を使った防災工事、コミュニティを中心とする防災。社会と災害の関係をどう考えればいいのか。いつも先進的な取り組みをされてきた。

防災に携わる志の高い若い人たちも増えてきた。世界を歩いていると、阪神淡路大震災を子どものころに経験したという若者に出会う。あの時なにもできずに悔しい思いをした、なんとか災害を減らすために貢献したいと、海外の被災地や紛争地で手助けをしているという。

東日本大震災から五年が過ぎた。震災を経験した子どもたちが、世界で活躍を始める日も近いであろう。

長い歴史の中で、東日本大震災をはじめ多くの災害と折り合いをつけてきた経験、その苦しみの中で生み出されてきた日本の防災への努力と知恵、こうしたものが世界中で生かされ、災害に苦しむ人々が減っていくことを期待したい。

この本の出版にあたり、二〇一六年二月にご逝去された故三浦裕二日本大学名誉教授にご支援いただいたにもかかわらず、ご存命中にこの本をお渡しすることができませんでした。誠に申し訳なく思っております。高橋裕東京大学名誉教授には貴重なアドバイスを頂きました。先生のご支援なくしては出版に至ることもありませんでした。御礼申し上げます。


（本書の内容は個人の見解であり、過去に所属した、もしくは所属する組織の公式見解を示すものではありません）

著者プロフィール

石渡幹夫（いしわたり　みきお）

国際協力機構　国際協力専門員（防災・水資源管理）
前　世界銀行上席水専門官・上席防災管理官

途上国の洪水対策や防災援助を担当。インド洋大津波やチリ津波の被災地調査、アジアやアフリカの防災プロジェクト、南スーダン、アフガニスタンなどの戦災復興に関わる。アジア開発銀行都市開発専門官、在ネパール日本大使館書記官等を歴任。国土交通省技官として国内の防災業務にも従事。博士（国際協力学）。

主な著書

"Learning from megadisaster: Lessons from the Great East Japan Earthquake" World Bank［大規模災害から学ぶ　東日本大震災からの教訓］（共著）

"Japanese Experiences of Disaster Risk Reduction" Research Publishing［防災分野の日本の経験］（編著）

ベン・ワイズナーほか著／岡田憲夫監訳『防災学原論』築地書館（共訳）

その他、論文・報告文等多数。

日本《にほん》の防災《ぼうさい》、世界《せかい》の災害《さいがい》

日本の経験と知恵を世界の防災に生かす

二〇一六年一〇月二〇日　第一刷発行

著　者　石渡幹夫《いしわたりみきお》

発行者　坪内文生
発行所　鹿島出版会
〒一〇四-〇〇二八　東京都中央区八重洲二丁目五番一四号
電話〇三(六二〇二)五二〇〇　振替　〇〇一六〇-二-一八〇八八三

装幀：石原 亮　DTP：編集室ポルカ　印刷・製本：壮光舎印刷

ISBN 978-4-306-09444-4　C3052　Printed in Japan

本書の内容に関するご意見・ご感想は下記までお寄せください。
URL：http://www.kajima-publishing.co.jp
E-mail：info@kajima-publishing.co.jp